keine große sache

Vanessa Kullmann

keine große sache

Coffee to go
oder wie man
den Traum
vom eigenen
Unternehmen
verwirklicht

HEYNE <

FSC
Mix
Produktgruppe aus vorbildlich bewirtschafteten Wäldern und anderen kontrollierten Herkünften

Zert.-Nr. SGS-COC-1940
www.fsc.org

Verlagsgruppe Random House
FSC-DEU-0100
Das für dieses Buch verwendete FSC-zertifizierte Papier *Munken Premium* liefert Arctic Paper Munkedals AB, Schweden.

Redaktion: Dunja Reulein, München

4. Auflage

Umschlagkonzept und -gestaltung: Hauptmann und Kompanie Werbeagentur, München – Zürich
Umschlagfoto: Retro Klar/Balzac Coffee GmbH
Innenillustrationen: Isabel Treede, Hamburg, und Sandra Albert, Hamburg
Herstellung: Helga Schörnig
Satz: HildenDesign, München – Andrea Barth
Druck und Bindung: GGP Media GmbH, Pößneck
Printed in Germany 2007
ISBN 978-3-453-13111-8

DANK

Für große Hilfsbereitschaft, Rat und Unterstützung möchte ich herzlich danken:

Norma & Max Kullmann, Natalia & Jared Preston, Benjamin & Kirsy Kullmann, Julia Krohn, Dörte Lücke, Sabrina Koitalla, Ralf Steinacker, Mirko Zarnojanczyk, Karina Schimankowitz, dem gesamten Balzac Team. Außerdem Isabel Treede, Jörg Weber, Cécile Bonnefond & dem Veuve Clicquot Team, Angelica Schwab & dem gesamten Heyne Verlag. Mein ganz besonderer Dank gilt Lars Meier für seinen vorantreibenden Enthusiasmus in diesem Buchprojekt und natürlich – meinem Freund Jameel Khaja, der allen voran als Erster an mich glaubte.

INHALT

VORWORT VON CECILE BONNEFOND

Wer in der heutigen Zeit ein Unternehmen gründet, braucht – neben einer guten Idee – vor allem eine große Portion Entschlossenheit, Durchhaltevermögen und einen festen Glauben an die eigene Sache. Als Vanessa Kullmann 1998 in Hamburg ihren ersten Coffeeshop eröffnet hat, war sie gerade einmal 26 Jahre alt und hatte weder BWL studiert noch eine kaufmännische Lehre gemacht. Stattdessen war sie geradezu entflammt von der Idee, das Konzept »coffee to go« in Deutschland populär zu machen. Heute gehören zu Balzac Coffee GmbH bereits 30 Geschäfte und aus dem ersten kleinen Laden an der Ecke ist ein florierendes Unternehmen geworden.

Im vorliegenden Buch erzählt Vanessa Kullmann die Geschichte ihres Erfolgs. Erwarten Sie aber keine Patentrezepte, wie man über Nacht reich wird, und keine allgemeingültige Gebrauchsanweisung, wie man ein Unternehmen führt. Natürlich verrät sie Geschäftsstrategien, die sich bewährt haben, vor allem aber geht es ihr um die Erkenntnis, dass keine zwei Firmen sich gleichen und jeder Unternehmer seinen eigenen Weg finden muss. Ihre Ratschläge beruhen sämtlich auf eigenen praktischen Erfahrungen. Deswegen betont sie auch wiederholt, wie wichtig es ist, dass jeder Firmengründer in spe möglichst bald anfängt, seine eigenen Erfahrungen zu sammeln.

Jede Selbstständigkeit beginnt mit Wagemut und Optimismus – Qualitäten, die Vanessa Kullmann in großem Umfang besitzt und mittels dieses Buches auch in ihren Lesern zu wecken hofft. Schließlich mussten alle später erfolgreichen Firmen zuerst einmal gegründet werden, von jemandem, der zumindest einen Augenblick lang dachte: Keine große Sache! Natürlich mag ein solcher Gedanke zunächst naiv erscheinen – aber wenn man das Ausmaß der Mühen und Schwierigkeiten klar voraussähe, würde man viele lohnende Abenteuer vielleicht gar nicht erst wagen.

Letztes Jahr bekam Vanessa Kullmann den *Prix Veuve Clicquot* verliehen – in den Augen der hochkarätigen Jury war sie die Unternehmerin des Jahres 2006 in Deutschland! Seit 1972 vergibt unser Haus diese Auszeichnung jährlich in mittlerweile 16 Ländern an herausragende Geschäftsfrauen, in denen wir die gleichen Qualitäten wiederfinden, die damals die Witwe Clicquot auszeichneten, die Urahnin unseres Unternehmens. 1805 wurde Madame Clicquot mit erst 27 Jahren Witwe (frz. Veuve). Entschlossen übernahm sie die Zügel des familieneigenen Champagnerhauses – und das in einer Zeit, wo Frauen ... zu Hause blieben! Mit Mut, Leidenschaft, Einfallsreichtum und unternehmerischer Vision machte sie den kostbaren Wein ihres Hauses nicht nur zum Erfolgsprodukt, sondern regelrecht zu einem Mythos.

Der *Prix Veuve Clicquot* ist eine Hommage an den Unternehmergeist, die Hartnäckigkeit und die Leistungsfähigkeit dieser erstaunlichen Frau – und Vanessa Kullmanns Erfolgsgeschichte beweist, dass sich die Tugenden der Madame Clicquot auch in der heutigen Zeit noch bewähren.

Als Vanessa Kullmann ihr Unternehmen gründete, war sie sogar noch jünger als die Witwe Clicquot damals. Was man alles erreichen kann, wenn man eine Sache optimistisch und enthusiastisch genug anpackt, das zeigt sie in ihrem Buch »Keine große Sache« auf beeindruckende Weise. Sollten also auch Sie eine Idee oder eine Vision vom eigenen Unternehmen haben – und sei sie noch so klein –, lassen Sie sich von ihrem Beispiel inspirieren. Ganz bestimmt wird Ihnen die Lektüre viele wertvolle Einsichten und ein hohes Maß an Motivation bescheren!

Cécile Bonnefond, Präsidentin des Champagnerhauses
Veuve Clicquot Ponsardin
Reims, im März 2007

Einführung von Vanessa Kullmann

Es wäre doch eine tolle Idee, wenn ...« heißt es oft, wenn jemand eine Geschäftsidee hat. Leider aber hört an dieser Stelle für viele der Schritt in die Selbstständigkeit schon wieder auf. Auch bei mir begann die Geschichte mit: »Es wäre doch toll, einen Coffee Shop in Hamburg aufzumachen.« Aber bis der erste Kaffee über den Ladentresen ging, musste so einiges passieren.

Ich bin keine Expertin in Sachen Unternehmensgründung und versuche hier nur genau das Buch zu schreiben, das ich mir zu Beginn meiner Unternehmung selbst gewünscht habe. Eine exemplarische Geschichte, die stets daran erinnert, dass Startschwierigkeiten normal sind, und deren Lektüre Hemmungen abbauen kann. Ein Buch, das Misserfolge relativiert und für den Erfolg inspiriert. Vor sechs Jahren begann ich deshalb, die Notizen und Gedanken zu sammeln, die ich hier niedergeschrieben habe. Ich begann dieses Buch mit der gleichen Naivität, mit der ich damals meinen ersten Shop eröffnete: Ich legte eben einfach los!

Für mich ist der wirklich wesentliche Aspekt: Eine gesunde Dosis Naivität oder Unerfahrenheit ist manchmal das beste Erfolgsrezept. Man hat eine gewisse Unbefangenheit und deshalb überhaupt keine Bedenken. Wer sich zu sehr mit der »Was wäre wenn ...?«-Frage beschäftigt und seinen Emotionen wie Ängsten, Hemmungen oder Vorfreuden zu viel Aufmerksamkeit schenkt, verliert den Blick für das Wesentliche und wird unsicher in seinen Entscheidungen. Sich nur auf die Sache zu konzentrieren hilft, das wirklich Wichtige im Auge zu behalten. Und das bedeutet eigentlich nur: Sich von dem großen Unbekannten nicht nervös machen zu lassen und stattdessen immer nur auf die kleinen logischen Schritte zu achten.

Wer etwas Neues beginnen möchte, muss zu hundert Prozent und mehr hinter seiner Idee stehen. Viele Konzepte scheitern, weil jemand nur das große Geld im Sinn hat. Das ist der falsche Ausgangspunkt. Power ist wichtig, aber ohne Herz bringt sie nichts. Balzac Coffee ist nicht nur aus einer guten Idee entstanden, sondern durch die Leidenschaft und den Einsatz derer, die mit mir an die Vision geglaubt haben.

Jeder muss sich aber bewusst sein, dass der erfolgreiche Schritt in die Selbstständigkeit die schwerste aller Karrieren ist – physisch wie auch mental. Die Arbeit wird zehnmal so viel und anstrengender sein als jede andere, ganz gleich in welcher Branche. Deshalb sollte man sich zuallererst ehrlich fragen: Bin ich bereit, diesen Einsatz zu bringen?

Dieses Buch zeigt, dass keine Magie dahintersteckt. Es beginnt mit einem Traum und endet mit einem Unternehmen. Der Weg dahin war ein Weg ins Ungewisse, aber ich beschritt ihn mit einem unbeirrbaren Glauben an die Idee. Wie man hier sehen wird, machten die kleinen einzelnen Schritte das ganze Vorhaben überschaubarer, und plötzlich war es auch keine große Sache mehr, einen Coffee Shop zu eröffnen.

Viel Spaß beim Lesen!

Vanessa Kullmann

März 2007

– VANESSAS UNTERNEHMERREZEPT –

Man nehme eine gute Idee, eine große Portion Mut und etwas Glück. Dann wende man praktisches Denken an, vermische diese Zutaten mit unbeirrbarem Glauben an sich selbst und überzeuge andere.

Was ist eine gute Idee? – Bin ich selbst mein bester Kunde und kenne ich mindestens zehn Bekannte, die auch von der Idee begeistert sind? Die »Krawattenträger« würden sagen: »Ist ein Markt vorhanden?«

Was bedeutet mutig sein? – Sehe ich in Problemen eine Herausforderung? Bin ich bereit, den Schritt ins Ungewisse zu wagen?

Was kann Glück bringen? – Man muss für Chancen, die sich auftun, bereit sein: sie erkennen, ergreifen und mit unbeirrbarem Glauben an den Erfolg verfolgen.

Was bedeutet praktisches Denken? – Bin ich praktisch veranlagt und habe ich Organisationstalent?

Wer glaubt an sich? – Derjenige, der an die eigene Fähigkeit glaubt, die Sache durchziehen zu können, und der Vertrauen in das eigene Glück hat.

Was genau ist Überzeugung? – Kann man andere von einer Sache überzeugen, auch wenn sie Skeptiker sind, oder hat man die Kraft, sie zu ignorieren?

EINE VISION BEKOMMT FLÜGEL

MIT EINER IDEE FÄNGT ALLES AN

Mein erster Job in New York: Es ist 8:30 am Morgen, ich bin wieder einmal zu spät dran und meine Haare sind noch nass. Ich laufe den Broadway runter und versuche, mich an alle Getränke zu erinnern, die ich gleich als Großbestellung im Coffee Shop gegenüber des Büros für meine Bosse und Kollegen aufgeben muss. Mein Vorgesetzter, Porin, trinkt eine Triple Grande Latte (Caffè Latte mit drei Espressi), sein Boss Roland nimmt einen Cappuccino, den ich gleich noch in eine Porzellantasse umfüllen muss, denn er weigert sich, aus Pappe zu trinken, Marketing Managerin Dagmar – unser Modestern – trinkt Latte Halbfett, und für mich werde ich wie immer Grande Latte Hazelnut (Caffè Latte mit Haselnusssirup) bestellen. Ich bin das Kaffeemädchen.

Ich eile über die Straße und werde dabei fast von einem New Yorker Taxi umgefahren. Endlich erreiche ich den Shop und mache die Tür auf ... Mist, wieder 30 Leute in der Schlange, ich werde noch später kommen! Ich stelle mich wie die anderen eiligen New Yorker in die Reihe, wartend, Geld passend in der Hand. Wenigstens habe ich jetzt ein bisschen Zeit zum Luftholen. Jeden Morgen das Gleiche: Die ganze Welt wartet auf Kaffee. Ich beob-

achte die Mitarbeiter hinter dem Tresen. Zwei Barista geben hinter der Espressomaschine ihr Bestes, den Ansturm zu bewältigen. Der eine hat sogar noch Zeit, der Kundin, die gerade ihr Getränk abholt, ein Kompliment zu machen. Sie lacht und eilt Richtung Tür. Es macht Spaß, ihnen zuzusehen. Oft habe ich das schon getan und inzwischen sind mir ihre Gesichter sehr vertraut. Ich bin so häufig da, dass ich das Gefühl habe, hier zu wohnen. Der Barista ruft wieder einen Drink aus »half caf half decaf no foam skim latte« (halb mit Koffein – halb ohne Koffein – kein Schaum – ohne Fett – Latte) und ein großer junger Mann im Anzug nimmt ihn freudig entgegen. Die Schlange rückt einen weiter auf, aber es geht mir nicht schnell genug. Am liebsten würde ich hinter den Tresen laufen und ihnen zur Hand gehen, um die Sache zu beschleunigen. Ich hatte so oft zugesehen, dass ich meinte, jeden Handgriff fast im Schlaf zu können. Aber es ist ja schließlich nicht mein Laden ...

Aber Moment mal ...! Was wäre wenn ...? Es ist doch keine große Sache, Kaffee zu kochen! Was wäre denn, wenn es mein Laden wäre? Plötzlich sollen sich die Barista nicht mehr beeilen, damit ich alles in mich aufsaugen und den Moment sacken lassen kann. Ich liebe Kaffee. Alle Welt liebt Kaffee. Doch würde sie den auch bei mir kaufen? Die Schlange rückt wieder einen auf und ich bin gleich dran ... Jetzt geht es mir plötzlich viel zu schnell! Ich will noch mehr beobachten und weiterträumen: Könnte ich das? Würde ich so einen Laden tatsächlich managen können? Könnte ich solche leckeren Espressogetränke zuberei-

ten? Würde Hamburg das gut finden? Aber bevor ich den Gedanken noch zu Ende denken kann, ruft der Barista »Triple Grande Latte, Tall Cappuccino, Grande Skim Latte and Grande Hazelnut Latte« – meine Getränke. Der süßliche Haselnussgeruch meiner Latte steigt mir in die Nase und die Vorfreude auf den ersten Schluck wächst. Ja – das ist eine großartige Idee! Sofort renne ich rüber ins Büro. Ich beeile mich nicht mehr nur, weil ich zu spät dran bin. Nein, ich will sofort meine ältere Schwester Natalia anrufen, die an der Northwestern University in Chicago studiert, und ihr von meiner Blitzidee berichten. Ich frage sie, ob wir nicht einen Coffee Shop in Hamburg aufmachen wollen ...

Sie ist sofort begeistert!

HOBBYANALYSEN IN NEW YORK

Bevor ich beschloss, mich selbstständig zu machen, verlief meine schulische und berufliche Laufbahn nicht gerade vorbildlich. Ich war mir in vielen meiner Entscheidungen nicht sicher, mir fehlten die Erfolgserlebnisse und ich war besorgt um meine Zukunft. Nichts schien meine Aufmerksamkeit fesseln zu können.

Nach der Schule suchte ich lange den für mich richtigen Weg. Ursprünglich wollte ich ins Modedesign, stellte aber in den Praktika fest, dass mein Faible für Mode nicht ausreichte, um eine gute Designerin zu werden. Deshalb machte ich eine Ausbildung zur Textilbetriebswirtin, fand aber auch hier nicht meine Erfüllung. Wie viele in meinem Alter wollte ich durch einen Auslandsaufenthalt meine Sprachkenntnisse vertiefen und mir über meinen beruflichen Weg klar werden. Ich hatte das dringende Bedürfnis, noch einmal komplett neu anzufangen – und die Dinge zu überdenken. Deshalb ging ich im Frühjahr 1996 nach New York. Ich wollte dort intensiv Englisch lernen und dachte, ich könnte gleichzeitig den Kopf komplett frei bekommen und mich neu orientieren.

Dies sollte die beste Entscheidung meines Lebens werden. Mein Neustart begann buchstäblich mit dem »Touch Down« auf New Yorker Boden. Die Energie der Stadt beflügelte meine Seele, ich konnte wieder richtig durchatmen. Die Eindrücke, die positive Art der New Yorker, die Vielfalt ... ich war begeistert. Die Stadt pulsierte und ihre Energie übertrug sich auf mich. Plötzlich fühlte ich mich frei und genoss es.

Was war so besonders an New York? Das Tempo, die wuselige Menschenmenge, die schlaflose Stadt – Sonntag war wie Montag: Alles war auf und das meistens rund um die Uhr. Egal was ich essen wollte, es gab ein passendes Lokal. Und auch wenn ich keine Lust hatte, aus dem Haus zu gehen, hatte ich die Möglichkeit, von hunderten Lieblingsrestaurants beliefert zu werden. Sushi gab es an jeder Ecke und die Supermärkte waren so ansprechend eingerichtet, dass ich am liebsten dort eingezogen wäre. »Service« bekam eine neue Definition in meinem Kopf. Ich konnte nicht nur meine Klamotten günstig in die Reinigung geben, sie lieferten sie mir auch kostenfrei wieder ins Haus. Die Angebotsvielfalt war so immens, dass alle meine Sinne permanent gereizt wurden. Immerzu wollte ich etwas ausprobieren.

Ich besuchte zunächst einige Modekurse und machte mich außerdem auf die Suche nach Praktika. Dabei war es mir fast egal, wo ich arbeiten würde. In meinem »alten Leben« hatte mich nichts mehr gereizt, doch in meinem »neuen Leben« würde ich sogar den Müll von Restaurants raustragen, um ein Teil von New York sein zu können. Dieses Verlangen zündete eine neue Risikobereitschaft in mir. Ich veränderte mein Leben, probierte neue Dinge, kostete ungewohntes Essen, wurde gewagter in meiner Kleiderwahl – ich definierte mich selbst neu.

Vor allem aber beeindruckten mich der kulturelle Mix der Stadt und die Courage mancher Immigranten. Jeden Morgen kaufte ich meinen frisch gepressten Karottensaft bei einem Kiosk, dessen koreanischer Besitzer kaum Englisch konnte. Er beherrschte gerade genug, um zu verstehen, was die Kunden wollten, und es schien zu reichen. Der bekannteste Würstchenverkäufer auf den New Yorker Straßen war ein Deutscher und die leckersten Muffins und Brownies backte ein Franzose. Da stellte ich mir zwangsläufig die Frage:

Woher nahmen die Leute den Mut, sich einfach selbstständig zu machen?

Durch meine Professorin an der Modeschule bekam ich zunächst einen Praktikumsplatz in einem bekannten Fotostudio. Dort war ich »Mädchen für alles«. Ich holte Foto-Equipment, nahm das Telefon ab, empfing die Kunden und kochte Kaffee für viele berühmte Leute, von Kate Moss über Winona Ryder und Aerosmith bis Seal. Es kam mir auf einmal so vor, als wäre die ganze Welt berühmt. Und als mich das nicht mehr reizte, fand ich nach einiger Zeit einen Assistentenjob in einer deutschen Eventmarketing-Agentur. Dort nahm ich wieder das Telefon ab, öffnete die Post und half hier und da. Im Nachhinein war wohl meine elementarste Tätigkeit: Kaffee holen fürs gesamte Büro. Mehrfach am Tag ging ich in den Coffee Shop gegenüber der Agentur und gab eine Großbestellung auf. Überhaupt fand ich den Coffee Shop vom ersten Moment an faszinierend. Als ich den Laden mit der großen Theke, den Stehtischen und Barhockern betrat, stand ich in einer mir bis dahin völlig fremden Welt. Ich hatte Mühe, das riesige Angebot an Espressovariationen zu überblicken. Dazu kamen noch exotisch klingende Sandwichkombinationen, Bagelspezialitäten und verschiedene Sorten von Muffins, Brownies und Cakes. Ich war verwirrt und konnte auf den ersten Blick mit dem Konzept nichts anfangen. Mindestens so befremdlich war, dass ich offenbar unter den vielen Kunden die Einzige war, die sich überhaupt nicht auskannte. Die anderen bestellten ihre Getränke mit schlafwandlerischer Sicherheit. Alles Stammkunden, das war schnell klar. Sie wurden von den jungen Leuten, welche die Espressomaschinen hinter dem Tresen bedienten, mit einem flotten Spruch begrüßt und antworteten irgendetwas mir Unverständliches.

Fasziniert verfolgte ich jedes Mal, wie meine Getränke zubereitet wurden. Mindestens zweimal täglich stand ich in diesem Coffee Shop Schlange, so dass ich Zeit hatte, alles genau zu beobachten und diese neue Welt auf mich wirken zu lassen. Einmal wartete Harrison Ford vor mir und neben uns zog sich ein Bettler gerade die Schuhe aus, die er akkurat, wie für den Heiligen Nikolaus, vor dem Tresen platzierte. Keiner störte sich daran. Auch der Hollywoodstar nicht, der wie alle anderen geduldig ausharrte, bis er an die Reihe kam.

Der Coffee Shop schien ein wahrlich konventionsfreier Raum zu sein. Jeder und jede, die einen guten Kaffee trinken wollten, waren willkommen, ohne Ansehen von Beruf, Berühmtheit oder Bankkonto. Er war, wie die Stadt, ein Schmelztiegel der unterschiedlichsten Kulturen und Schichten. Die Welt traf sich sozusagen auf 40 Quadratmetern. Der Kaffee brachte sie alle friedlich zusammen.

Morgens musste ich früher aus dem Haus, weil mich der Coffee-Shop-Besuch extra Zeit kostete. Also begann ich die Zeit zu stoppen, die es von der Bestellung bis zum fertigen Getränk brauchte. Zu meiner Überraschung stellte ich fest, dass im Schnitt eine Viertelstunde verging, bis ich mit meinem vollen Tablett den Laden verlassen konnte. Nicht gerade wenig! Offensichtlich musste da etwas dran sein, wenn ich und viele andere Leute so geduldig auf unser Getränk warteten. Dass der Kaffee gut schmeckte, war klar, aber da gab es noch eine andere Faszination: Die Mitarbeiter waren flink und äußerst bemüht, alle Wünsche schnell und effizient zu erfüllen, ohne dabei jemals ihre Kompetenz oder gute Laune zu verlieren. Sie schienen geradezu vor Energie überzusprudeln. Diese Stimmung übertrug sich auf mich und ließ die Wartezeit wie im Flug vergehen. Außerdem beherrschte ich nach einigen Besuchen auch den Coffee-Shop-Jargon und war stolz, zum Insider und Stammkunden geworden zu sein. »Grande Hazelnut Skim Latte« ging mir bald so flott über die Lippen wie der obligatorische Abschiedsgruß »Have a nice day!«.

Ich hatte in der Warteschlange immer viel Zeit, über Gott und die Welt nachzudenken, und eines Morgens, als ich wieder einmal länger warten musste, kam mir plötzlich der koreanische Kioskbesitzer, der kaum Englisch sprechen konnte, mit seinem Karottensaft in den Sinn. Gehörte vielleicht gar nicht so viel dazu, sich selbstständig zu machen? Und warum sollte ich mehr können müssen?

Kaffee kochen kann ich – dachte ich damals! Und wenn ich meinen Freunden zu Hause einen Kaffee servieren konnte, würde ich das doch wohl auch für fremde Leute machen können!? Manchmal muss man die Dinge eben aus einer praktischen Perspektive betrachten. Der Gedanke schien mir logisch und überhaupt nicht abwegig.

Ich überlegte, ob die Menschen, die ich kannte, das Angebot annehmen würden. Meine Kollegen im Büro waren alle Deutsche und jeder war süchtig nach »seinem« Espressogetränk. Die meisten kamen sicher nicht einmal mehr auf die Idee, sich zu Hause mit einer normalen Maschine selbst einen Kaffee zuzubereiten. Ich ließ meine Maschine ja auch stehen und brachte mir und allen Mitarbeitern den Kaffee morgens mit. Auch in der Wohnung unseres Chefs, der direkt neben dem Büro wohnte und dessen Küche wir mitbenutzten, habe ich nie eine Kaffeemaschine gesehen. Und was in New York ging, müsste doch auch in Hamburg möglich sein?

Nachdem ich meine Schwester auf meiner Seite hatte, musste ich die ganze Sache ins Rollen bringen.

Doch womit sollte ich beginnen?

Mein erster Schritt führte mich in eine New Yorker Buchhandlung und ich verbrachte Stunden damit, alle möglichen Bücher zu wälzen. Ich verschwendete keine Zeit auf Titel wie »Die Unternehmensgründung« oder »Wie mache ich mich selbstständig«, denn ich fand diese Werke schnell kontraproduktiv. Die waren für »Krawattenträger«: Leute, die Betriebswirtschaft studiert hatten und traditionell dachten. Aber ich wollte nur einen Coffee Shop eröffnen und kein Mr. Microsoft werden. Alle Ratgeber handelten lediglich davon, was ich vorab berücksichtigen sollte, und gaben Tipps für einen Businessplan mit vielen Tabellen. Schon die Masse dieser Informationen war ein echter »Killer«. Ich war überzeugt, dass der

Kioskbesitzer auf dem Broadway auch nie so einen Wälzer durchgelesen hatte, und er wusste offensichtlich trotzdem, wie es funktionierte. Es musste auch für mich praktischer gehen.

Zu diesem Zeitpunkt machte ich mir noch keine Gedanken über die richtige Lage in Hamburg oder die Auswahl des Angebots. Ich machte nur den für mich zunächst sinnvollsten Schritt und versuchte, mir selbst zu erklären, was mich an Coffee Shops faszinierte. Wenn ich dieses Vorgehen aus der heutigen Sicht betrachte, so kann ich dazu nur eins bemerken: Für mich hat sich die Methode der kleinen Schritte stets bewährt. Auch heute noch arbeite ich nur nach diesem Prinzip, wohl wissend, dass ich so die nötige Gelassenheit und auch die richtige Einschätzung der Lage erreichen kann. Einen meiner wichtigsten Grundsätze kann ich deshalb gar nicht deutlich genug machen.

Ein langer Weg wird durch viele kleine Etappen überschaubarer.

Ich besuchte in meiner Freizeit unzählige Läden in New York. Dort sah ich mir an, wer sie besuchte, wie sie eingerichtet waren und wie die jeweiligen Konzepte atmosphärisch wirkten und, natürlich, wie gut der Kaffee war.

Mein Freund Jameel, der an der Columbia University Film unterrichtet, hat mich, so oft er konnte, bei meinen Exkursionen begleitet. Er widmete sich meistens seinen Zeitungen und Magazinen, während ich die Menschen, Kunden und Mitarbeiter studierte. Warum konnte es sich Jameel in einem bestimmten Coffee Shop mit seiner Zeitung gemütlich machen, in einem anderen aber nicht? Warum wirkten die Mitarbeiter in einem dieser Läden so, als hätten sie Spaß an der Arbeit, in anderen aber nicht? Jeden Tag entdeckte ich neue Aspekte. Coffee Shops wurden mein zweites Zuhause vor und nach der Arbeit. Selbst meine morgendlichen Kaffeerunden für meinen Boss wurden Teil meines Trainings. Bald hatte ich das Gefühl, ich könnte auch einfach hinter den Tresen gehen und ihm seinen Triple Grande Latte selbst zubereiten.

In meinen täglichen Hobbyanalysen sammelte ich unter anderem Plus- und Minuspunkte der verschiedenen Shops. Ich suchte förmlich nach Unterschieden zu dem, was ich aus Deutschland kannte, und bemerkte dabei sofort, dass es vor allem die großen Fenster waren, welche die Shops so einladend machten. Man konnte den Laden von außen gut überblicken und hatte keine Hemmschwelle hineinzugehen. Die langen Tresen an den Fenstern waren wie dafür gemacht, um Leute zu beobachten, und es wurde einem nicht langweilig, dort zu sitzen.

Anders als in den üblichen New Yorker Restaurants konnte man in einem Coffee Shop viel Zeit verbringen. Keiner begann aufzuräumen, brachte unaufgefordert die Rechnung und gab einem das Gefühl, man sollte den Platz schleunigst freimachen. Und umgekehrt konnte man schon von außen durch die Fenster deutlich erkennen, wie voll es an der Kasse war, und so Zeit sparen. Man kam entweder später wieder oder ging in den nächsten Shop. Das machte das Ganze unproblematisch und sehr komfortabel. Praktisch war auch, dass man gleich bezahlte. So war man schnell wieder draußen, wenn man gehen wollte.

Dann machte ich mir natürlich auch kleine Notizen über verschiedene andere Aspekte. Hier waren die Muffins mit Buttermilch saftig, aber in Plastik zu steril präsentiert, dort waren die Croissants im Flechtkorb ansprechend angeordnet, schmeckten aber nicht gut. Hier gefiel mir die von Hand geschriebene Kreidetafel, dort die Posterpromotion. Mal war es der Fliesenfußboden, der gemütlichen Backstubencharakter suggerierte, andernorts der Teppich, der mit den Sesseln harmonierte.

In den meisten Coffee Shops gab es mehrere verschiedene Sitzbereiche, je nach Stimmung oder Gruppengröße konnte man sich den passenden Platz aussuchen. Sogar bei der Getränkeausgabe gab es große Unterschiede. Das Getränk konnte objektiv gleich schmecken, es kam mir aber weniger gut vor, wenn es mir gleichgültig hingestellt wurde. Auch bei der Zubereitung sammelte ich Eindrücke: Wenn jemand langsam und lustlos mit der Kollegin quatschend meine Latte brühte, fand ich sie nicht trinkwürdig. Wenn aber ein Mitarbeiter mit

Aufmerksamkeit und Energie meinen Drink fertigte, war er definitiv eine Offenbarung und ich hätte am liebsten gleich noch einen zweiten Becher Latte geholt.

Es waren die kleinen und großen Unterschiede, die einen Shop perfekt oder unmöglich machten. Sogar die Outfits der Mitarbeiter spielten eine Rolle. Wenn jeder anziehen durfte, was er wollte, wirkte der ganze Laden etwas ungepflegt oder undurchdacht. Übermäßig gestylte Leute hingegen waren zu perfekt und erschienen steif. Die goldene Mitte war offensichtlich das richtige Maß an organisiertem Chaos. Vielleicht vergleichbar mit der eigenen Wohnung. Man will alles perfekt und ordentlich haben, aber weil man dort wohnt, ergibt sich eine gewisse Unordnung. Die Schlüssel bleiben mal auf der Konsole liegen, die Geschirrtücher hängen nicht an ihrem Platz etc. Das natürliche Durcheinander ist eben gemütlich! Mit den Coffee Shops verhielt es sich ähnlich. Die entspannte Atmosphäre übertrug sich, wenn alles stimmte, gleichfalls auf Mitarbeiter und Kunden. So entdeckte ich die Coffee-Shop-Welt auf meine Weise.

Doch zunächst musste ich mir noch mehr Hintergrundwissen aneignen. Durch einen Tipp von Jameel wurde ich auf ein Inserat in einem Coffee-Shop-Magazin aufmerksam. Natürlich hatte diese boomende Branche in den USA bereits eigene Printmedien hervorgebracht, die monatlich oder auch vierteljährlich erschienen. In einem dieser Fachmagazine fand ich eine Anzeige: »Wie man einen Coffee Shop aufmacht.« Ein dreitägiges Seminar wurde angeboten, das im Rahmen einer Coffee-Shop-Messe in Seattle stattfinden sollte.

Das Angebot kam mir gerade recht. Zwar war ich ein bisschen skeptisch, aber einige Tage konnte ich schließlich »opfern«. Ich nahm mir frei, kaufte ein Ticket und flog an die Westküste in die Geburtsstadt der Coffee Shops. Für mich war das ein bedeutender Schritt. Zunächst einmal war dieses Seminar nicht ganz billig. Die 500 Dollar waren der erste größere Betrag, den ich in meine zukünftige Firma investierte. Es war somit mein erster Businesstrip und der sechsstündige Flug fast eine halbe Weltreise. Meine sonst schon unbändige Flugangst steigerte sich um ein Vielfaches, weil ich alleine in etwas Unbekanntes startete. Und ich wusste nicht, ob ich einer wahnwitzigen Idee hinterherrannte und lieber meinen derzeitigen Job in New York ernster nehmen sollte, oder ob ich hier etwas wirklich Großem nachging.

Meine innere Unruhe und dieses Auf-mich-selbst-gestellt-Sein machten mir die Entscheidung schwer. Aber falls mich der Trip von meiner Idee abbringen würde, hätte ich ihn immerhin noch als Bildungsreise verbuchen können. Doch mein Ausflug entpuppte sich als Reise ins Glück. Auf der Messe in Seattle und im Seminar traf ich Menschen wie mich, die einfach nur loslegen wollten. Ich war zwar mit Abstand die Jüngste und die einzige Ausländerin, aber nicht alleine mit meiner Idee. Es waren Leute aus allen Alterklassen, die meisten zwischen 30 und 50.

Wie ich hatten die wenigsten einschlägige Erfahrungen oder Vorkenntnisse und ich hatte mit meinen Hobbyanalysen zumindest die Nase vorn. Das bestärkte mich in meiner Entscheidung: Völlig abwegig konnte mein Vorhaben nicht sein. Innerhalb von drei Tagen erfuhr ich in einem Crashkurs alles Wissenswerte über die Eröffnung eines Coffee Shops. Ich stand zwar während des Seminars kaum länger als zwei Minuten an einer Espressomaschine, aber das war ja auch gar nicht so entscheidend. Wichtiger waren die Tipps und Informationen, die ich von den Referenten bekam. So lernte ich beispielsweise, dass Kaffee ein wertvolles und sehr empfindliches Produkt ist, das vorsichtig und respektvoll behandelt werden will, damit die Bohnen nicht ihre Qualität verlieren. Und ich bekam jede Menge emotionale Bestätigung für mein Vorhaben durch die Gespräche mit den anderen Teilnehmern.

In jeder Seminarpause lief ich über die Messe. Es gab alles, was in Coffee Shops gebraucht, eingesetzt oder verkauft werden könnte. Vor allem natürlich Kaffee in jeder Form: unbehandelte Bohnen, geröstete Bohnen, aber auch Menütafel-Konzepte, Kaffeemaschinen, Espressomaschinen, Röstmaschinen, Verpackungen, Pappbecher, fertige Mixturen, Eiskaffeemischungen, Einrichtungsgegenstände, Thermobecher und Tragetaschen, Pastries für den Tresen und so weiter. Außerdem jede Menge Druckwerke, Videos und Broschüren. Einfach alles.

Ich ging von Stand zu Stand und sprach mit allen Ausstellern. Ich trank, schmeckte und roch mehr Kaffee an einem Tag als je in meinem ganzen Leben zuvor. Ich nahm alle Prospekte und Information mit, die ich ergattern konnte. Auch Videos, auf denen genau gezeigt wird, wie man guten Espresso zubereitet, oder die Geschichte des Kaffees erklärt wird. (Bei Balzac benutzen wir diese Videos heute noch zum Training.) Vor allen Dingen fand ich hier endlich die richtigen Bücher, in denen Espressorezepte beschrieben wurden, oder die auch die Eröffnung eines Coffee Shops begleiteten. Zu meiner sogenannten Bibel wurde *Bean Business Basics*. Hier wurde genau erklärt, wie Espresso gebrüht und Milch geschäumt wird, was bei Einstellungen zu beachten ist und wie man eine Angebotspalette erstellt.

Nach dem Seminar war ich nicht nur von meiner Idee vollends begeistert, sondern ich entwickelte auch eine große Leidenschaft für Kaffee. Ich konnte es kaum abwarten, die Menschen zu Hause mit dem Genuss dieses schwarzen Aphrodisiakums auf neue Art vertraut zu machen. Aber das Projekt war noch lange nicht realisiert. Ich hatte bisher nur eine Idee, in der ich langsam mein eigener bester Kunde wurde, aber da waren so viele Unsicherheitsfaktoren. Ich hatte keine Ahnung, wie ich an die Sache herangehen sollte. Bisher hatte ich nur darüber geredet, noch fehlte mir der Mut für die Umsetzung. Natürlich verfolgten mich die quälenden Fragen: »Was ist der nächste Schritt? Was muss ich zuerst unternehmen, um mich selbstständig zu machen?«

Doch bestärkt von den Erfahrungen des Seminars war ich wild entschlossen, meine Idee weiterzuverfolgen, nach Hamburg zurückzukehren und das Projekt anzugehen. Regelrecht stolz und etwas euphorisch offenbarte ich meiner Mutter, was ich vorhatte. Doch ihre Reaktion dämpfte meine Euphorie schnell. »Aber Nessi – es gibt doch schon genug Cafés!? Warum willst du denn noch eines eröffnen?«, rief sie erstaunt.

Doch meine Ernsthaftigkeit überraschte sie und ließ ihr keine andere Wahl. Sie war schnell überzeugt. Mein Chef hingegen war nicht so leicht zu beeindrucken, als ich ihm offenbarte, was ich vorhatte und dass ich bald kündigen würde. Er fragte mich, ob ich mir das gut überlegt und schon einen Businessplan hätte!? Hier wurde ich gleich wieder auf den Boden der Tatsachen geholt. Meine Güte, allein schon das Wort »Businessplan« schreckte mich ab!

Ich bin doch ein praktischer Mensch. Mit der Theorie hatte ich es nicht so. Gesetze wie »Wenn das Wasser zu heiß ist, verbrennt der Kaffee!« sagten mir mehr als betriebswirtschaftliches Fachchinesisch etwa über den Return on Investment. Ich schob zunächst das Problem Businessplan etwas verschreckt beiseite, widmete mich wieder meiner Lieblingsbeschäftigung und trank Kaffee um Kaffee auf meiner Expedition durch die New Yorker Coffee Shops, die ich nun, verfeinert mit der Theorie aus dem Seminar, allen Unkenrufen zum Trotz unter anderen Gesichtspunkten fortsetzte.

Ich achtete inzwischen mehr auf Standorte, Größe der Läden und auf die Maschinenmarken, die mir auf der Messe genannt worden waren. Einige frühere Beobachtungen ergaben nun auch mehr Sinn. So verstand ich nun zum Beispiel auch, warum Thermometer in vielen Milchtöpfen steckten. Sie sollten anzeigen, wann der Milchzucker beim Aufschäumen zu verbrennen drohte. Alles in allem war mir das Konzept Coffee Shop inzwischen bestens vertraut. Ich probierte weiter alles und versuchte, mich ganz auf mein Gefühl zu konzentrieren. Denn schließlich wollte ich auf keinen Fall nur irgendeinen Coffee Shop eröffnen.

Ich behielt, was mir gut erschien, und verwarf alles Schlechte. Auf jeden Fall nahm ich mir vor, in meinem Coffee Shop später den höchsten Wert auf Produktqualität zu legen. Bald hatte ich meine persönliche Vorstellung von meinen möglichen Kuchen, Sandwiches und Getränken. Natürlich, frisch und neu sollten sie sein. Auf meinen Rundgängen hatte ich mir überall Notizen darüber gemacht, welche Produkte mir persönlich schmeckten oder generell bei Kunden ankamen. Ich beobachtete an einigen Standorten, wie oft nachgelegt werden musste. Auch der gute deutsche Filterkaffee sollte unbedingt ein fester Bestandteil meines Konzepts werden. Ich vermisste ihn in allen New Yorker Coffee Shops und fand, er gehöre unbedingt zu unserer deutschen Kultur.

In Sachen Atmosphäre wollte ich auf jeden Fall einen Teil der Energie und Entspanntheit nach Hamburg bringen, die ich so schätzen gelernt hatte, ich wollte aber gleichzeitig insgesamt etwas gepflegter auftreten, als es das New Yorker Gewühl manchmal hervorbrachte. Der ein oder andere Laden dort war mir doch etwas zu schmutzig. Da kippte das sonst so sympathische Chaos in Vernachlässigung um. Etwas weniger »Plastik Look« und mehr Qualität in den Einrichtungsmaterialien gehört ebenfalls zu unserer deutschen Mentalität. Mit diesen und vielen weiteren Eindrücken definierte sich langsam *meine* Version eines Coffee Shops, denn ich war auf der Suche nach dem für mich persönlich perfekten Konzept und ich fühlte mich bald fähig, die Sache anzugehen.

Sich mit einer Sache vertraut zu machen baut Hemmungen ab.

Eines jedoch überschattete meine Abreise: die zwangsläufige räumliche Trennung von meinem Lebensgefährten Jameel. Der Gedanke, dass ich mich zwischen meiner neuen Idee und dem gemeinsamen Leben in New York entscheiden musste, tat weh. Doch schließlich entschieden wir gemeinsam, dass ich in jedem Fall meine Pläne in Hamburg umsetzen sollte. Und er unterstützt mich bis heute darin, die richtige Entscheidung getroffen zu haben.

Nun ging alles ganz schnell. Ich kündigte meine Wohnung, transferierte meine wenigen Ersparnisse und reiste ab. Im Flugzeug kam ich ins Gespräch mit einem Amerikaner, der Kenntnisse in der Gastronomie hatte. In meiner Begeisterung erzählte ich ihm von meinem Projekt, und als ich erwähnte, dass die Deutschen doppelt so viel Kaffee trinken wie die

Amerikaner, sagte er nur: »Sofort machen!« Der Fall war für ihn so sonnenklar, dass ich fast überrascht war, nicht schon vorher auf die Idee gekommen zu sein. Ich hätte schon gestern aufmachen sollen!

MEINE ERSTE MARKTFORSCHUNG

Geschlecht:

Alter:

Beruf:

Familienstand:

1. Sie sind auf dem Weg:

○ a. ins Büro ○ b. zum Shopping ○ c. Sonstiges

2. Trinken Sie gerne Kaffee? Wenn ja:

○ a. wie oft in der Woche?

○ b. zu welchen Gelegenheiten?

○ c. wie viele Tassen pro Tag?

3. Trinken Sie gerne Milchkaffee? Wenn ja:

○ a. wie oft pro Woche?

○ b. zu welchen Gelegenheiten?

○ c. wie viele Tassen am Tag?

4. Was trinken Sie morgens zum Frühstück?

○ a. Filterkaffee

○ b. Milchkaffee

○ c. Tee oder Sonstiges

5. Wo frühstücken Sie in der Regel?

- a. zu Hause
- b. in der Arbeit
- c. Café/Kiosk

6. Würden Sie Ihren Kaffee morgens unterwegs auf dem Weg zur Arbeit kaufen?

- a. ja
- b. nein

7. Was verstehen Sie unter einem Milchkaffee?

___

8. Was würden Sie für eine Tasse Milchkaffee/Cappuccino ausgeben?

- a. unter DM 2,00
- b. unter DM 3,00
- c. unter DM 4,00

9. Was verstehen Sie unter Eiskaffee?

___

10. Was verstehen Sie unter einem Coffee Shop?

___

11. Was erwarten Sie, dort kaufen zu können?

___

DER WEG IST DAS ZIEL – ODER EINFACH MACHEN!

DER PUNKT OHNE WIEDERKEHR

Voller Energie und Tatendrang kehrte ich im Oktober 1997 nach Hamburg zurück und zog zunächst wieder bei meinen Eltern in mein altes Kinderzimmer. Ich konnte die Begeisterung für mein neues Projekt kaum verbergen. Aber ich hütete mich davor, meinen Enthusiasmus allzu deutlich zu zeigen, denn ich hatte Angst, dass mein Vorhaben von anderen zerredet werden könnte.

Außerdem hatte ich beschlossen, komplett ignorant gegenüber Kritik zu sein. Niemand sollte mir mein Projekt madig machen dürfen. Deshalb hörte ich einfach nicht hin.

Zu viele Meinungen können verwirren.

Meine Schwester stand natürlich auf meiner Seite. Sie war vor mir in Hamburg angekommen und hatte schon einige Zeit mit der Suche nach einer geeigneten Lage verbracht. Dass die Standortwahl besonders wichtig ist, hatten sie mir schon im Coffee-Shop-Seminar beigebracht. Dort wurde uns dringend empfohlen, einen »Eckladen« zu wählen. Das hatte ich Natalia erzählt. Und wie es der Zufall wollte, fand sie tatsächlich eine passende Ecke in der Stadt. Mitten in der Hamburger City, nahe der Binnenalster und dem berühmten Jungfernstieg, entdeckte sie zusammen mit einer Maklerin eine kleine Drogerie. Sie lag in den Colonnaden (eine Fußgängerzone, die hinter der Staatsoper die Innenstadt und ihre eleganten Geschäfte mit dem Dammtorbahnhof verbindet).

Natalia war begeistert. »Der Laden wäre super!«, sagte sie mir. Gemeinsam mit der Maklerin ging sie hinein und fragte, ob er zu haben wäre. Es zeigte sich, dass der Inhaber schon länger mit dem Gedanken gespielt hatte, den Laden aufzugeben. Wir kamen ihm da gerade recht. Was für ein Glück! Und ein erster Beweis dafür, dass eine positive Einstellung Hindernisse überwinden und zum Erfolg führen kann. Jedenfalls war das kleine Eckgeschäft, das zusammen mit dem darüberliegenden Zwischengeschoss gerade mal eine Fläche von 50 Quadratmetern aufwies, groß genug für einen Coffee Shop.

Suche aktiv nach Deinem Glück und fordere es heraus.

Schon eine Woche nach meiner Heimkehr hatte ich einen Termin bei dem Vermieter. Es war sozusagen mein erstes Business Meeting und ein kleiner Vorgeschmack auf viele, die folgen sollten. Ich stand an dem Morgen lange vor meinem Kleiderschrank und überlegte, was ich anziehen sollte. Ich wollte glaubwürdig auftreten, so seriös wie möglich wirken, aber ich wollte auch gefallen. Deshalb wählte ich zur Vertragsunterzeichnung meine Garderobe wie zu einem Vorstellungsgespräch: schwarze Business-Hose und einen braven rosafarbenen Pullover. Als ich dann meinen Namen unter den Vertrag setzen sollte, wurde mir plötzlich bewusst, dass dies der Punkt war, an dem ich nicht mehr umkehren konnte.

Keine meiner späteren Entscheidungen sollte so schwer wiegen wie diese. Sie bedeutete den Startschuss. Und diese Unterschrift kostete mich von allen Entscheidungen – bis heute – die allergrößte Kraft. Damit hatte ich mich verpflichtet, ab 1. Januar 1998 für fünf Jahre Miete zu zahlen. Mit anderen Worten: Ich versprach Geld, das ich noch nicht verdient hatte.

Auf einmal war ich mir des Risikos sehr deutlich bewusst, am liebsten wäre ich aufgestanden und aus dem Büro gelaufen. Aber dann sah ich auf den Kaffee vor mir, von dem ich eben noch einen Schluck getrunken hatte und dessen schlechter Nachgeschmack noch auf meiner Zunge lag. Die Welt brauchte besseren Kaffee und ich konnte ihn liefern! Und da war sie wieder: meine Vision! Ich konzentrierte mich einfach auf die Sache, schob meine Hemmungen beiseite und unterschrieb den Vertrag.

Sich auf die »Sache« zu konzentrieren
hilft Ängste zu relativieren.

Es war, als würde von diesem Moment an die Sanduhr laufen. In drei Monaten musste ich meine erste Miete auf den Tisch legen. Nun hatte ich keine Wahl mehr, ich musste loslegen. Jetzt mussten Taten folgen! Die Zeit des Redens war vorbei.

Es war aufregend, plötzlich über eine Ladenfläche zu verfügen, aber was nun? Wie macht man eigentlich wirklich einen Coffee Shop auf?

Leider musste ich bald darauf ohne meine Schwester auskommen. Sie hatte einen Job in den USA bei IBM angeboten bekommen und angenommen. Natalia begleitete mich noch einige Wochen in Hamburg, bevor sie dann abreiste. Im ersten Moment fühlte ich mich total verlassen, so als hätte mich jemand in eiskaltes Wasser gestoßen. Aber nach einigen Tagen gewöhnte ich mich an den Gedanken, von nun an allein entscheiden zu müssen.

In der Zeit, die uns noch blieb, entwarfen wir erst mal eine Umfrage, die wir vor dem neuen Laden durchführen wollten. Das Ziel war, mit diesem Fragebogen herauszufinden, wie unser Sortiment aussehen und wie wir unsere Preise kalkulieren sollten.

Doch das Ergebnis unserer Marktforschungsaktion vor dem Laden entpuppte sich als Desaster! Die Interviewten fanden die Idee, Kaffee im Pappbecher mitzunehmen, total unpraktisch und unsere Preisvorstellung von 5 Mark viel zu hoch. Das war ein echter Reinfall! Nach dieser Auswertung hätte ich eigentlich gar nicht weitermachen dürfen! Aber ich glaubte felsenfest an meine Idee und es gab schließlich auch kein Zurück mehr. Den Mietvertrag konnte ich nicht mehr kündigen. Unbeirrbar machte ich weiter.

Also warf ich alle Fragebögen in den Mülleimer und sagte mir einfach: »Was man nicht kennt, kann man auch nicht beurteilen.« Vor meinem US-Aufenthalt hätte ich wahrscheinlich genauso reagiert wie die befragten Hamburger. Nur gut, dass ich diese Befragung nicht vor der Vertragsunterzeichnung durchgeführt hatte!

Ich hatte zwar meine Vision von einem Coffee Shop, aber keinen Plan, wie ich meinen Traum realisieren könnte. Fragen über Fragen kamen auf:

- Wo soll ich beginnen?
- Wie gründe ich eine Firma?
- Mit welchem Geld?
- Was soll ich in einem Coffee Shop außer Kaffeegetränken noch anbieten?
- Wie soll der Laden eingerichtet sein?
- Welchen Name soll ich ihm geben?
- Wie finde ich ein passendes Logo?
- Wo finde ich geeignete Mitarbeiter?
- Was muss ich rechtlich alles beachten?

Je länger ich nachdachte, umso mehr Fragen fielen mir ein, ohne dass ich auch nur eine hätte schlüssig beantworten können.

Ich hatte keine gastronomische Ausbildung, kein Geld, kannte keine Architekten, Grafiker, Maschinenhersteller, Lieferanten, Gastronomen oder Servicekräfte. Ganz zu schweigen von dem, was man im Zusammenhang mit Firmengründung und Erwerb einer Gaststättenkonzession wissen musste. Von meinen Freunden in Hamburg konnte ich keine professionelle Hilfe erwarten. Sie waren wie ich 25 Jahre alt und fast alle noch Studenten. Keiner von ihnen war Unternehmer oder Firmengründer und verfügte über Erfahrungen, auf die ich hätte zurückgreifen können.

Nützliche Kontakte knüpfte ich vor allem durch den Freundeskreis meiner drei Jahre älteren Schwester: In ihrer Altersgruppe hatten viele Bekannte und Freunde bereits ihr Studium abgeschlossen und waren berufstätig. Einer hatte beispielsweise einen Weinladen – er lieferte mir später Sirup. Noch einer kannte einen Patentanwalt, der mir beim Erwerb der Markenrechte meines Logos half. Mein jüngerer Bruder, der gerade sein Abitur bestanden hatte, vermittelte später einige seiner Klassenkameraden als Servicekräfte.

Natürlich aber klopften diese vielen Helfer nicht alle gleichzeitig an meine Tür und zuweilen überforderte mich die Situation, nicht zu wissen, welchen Schritt ich als Nächstes machen sollte. In derartigen Momenten setzte ich mir ganz bewusst Scheuklappen auf und blendete die Probleme, die ich nicht lösen konnte oder die mich verunsicherten, einfach aus. Ich versuchte, mich auf den nächsten Schritt zu konzentrieren, der mich meiner Vision näher bringen würde. Ich sagte mir, dass es in Ordnung sei, nicht zu wissen, wie es gehen oder werden soll. Kommt Zeit, kommt Rat. Ich machte ganz einfach immer nur den nächsten offensichtlichen Schritt, geführt von meiner Vision.

Immer nur den nächsten offensichtlichen Schritt machen.

Dieser nächste Schritt nach der Unterzeichnung des Mietvertrags war eine Informationstour durch die Hamburger Behörden. Ich wollte einen Gastronomiebetrieb eröffnen und städtische Einrichtungen konnten mir dazu sicher etwas erzählen.

Die erste Anlaufadresse, das Bezirksamt meines Wohnviertels, war nicht zuständig. Aber Beamte schicken einen ja bekanntlich gerne weiter. Das taten sie und schließlich landete ich im richtigen Zimmer. Allerdings sah mich der Beamte etwas ungläubig an und zog die Augenbrauen hoch, als ich ihm mitteilte, dass ich einen Coffee Shop aufmachen wollte. Er dachte an die Amsterdamer Variante. Diese Läden sind dafür bekannt, dass neben dem Kaffee auch verschiedene Sorten von Marihuana angeboten werden. Nun, das war schnell geklärt und ich erfuhr, dass ich ein Gesundheitszeugnis brauchte und zum Bauamt musste, um mich über die baulichen Bestimmungen zu informieren. Außerdem wurde mir erklärt, dass jeder, der einen Gastronomiebetrieb eröffnen will, die Gaststättenunterrichtung in der Handelskammer besuchen muss. Der Kurs dauert einen ganzen Tag und beschäftigt sich vor allem mit den Gefahrenherden in Restaurantbetrieben durch mangelnde Hygiene und der korrekten Aufbewahrung und einwandfreien Verarbeitung von Lebensmitteln. Ich habe dabei viel über die Hackfleischverordnung erfahren! Da ich aber nur kalte Küche eingeplant hatte, war das für mich so sinnvoll wie ein Vortrag über die Autoreifenproduktion.

Spätestens jetzt, wo ich für Anträge und Zulassungen Gebühren an die Behörden zu zahlen hatte, war klar, dass ich mich als Nächstes um die Finanzierung meiner Idee kümmern musste.

EIN ENGEL BRAUCHT GELD

Sich die notwendigen Mittel zu besorgen ist für die meisten Unternehmensgründer ein großes Handicap. Hier gibt es leider nicht »den einen richtigen Weg«, man muss vielmehr alle Register ziehen, die einem zur Verfügung stehen: Familie, private Kontakte, Banken, Bürgschaftsbanken, Business Angels, staatliche Förderungen – einfach alles. Es gibt sie, die diversen Möglichkeiten. Natürlich hat meine Familie mich in meinem Vorhaben auch indirekt finanziell unterstützt, indem ich zu

Hause wohnte und wie früher ein Taschengeld bezog, da ich mir anfangs kein Gehalt auszahlen konnte. Vieles hätte ich sonst gar nicht angehen können.

Aber mein großes Glück waren zwei Existenzgründerdarlehen (ERP und DtA), die ich von der Deutschen Ausgleichsbank erhielt. Zwar ändern sich die Bestimmungen regelmäßig, aber jede lokale Bank kann Auskünfte zum Vorgehen und den aktuellen Konditionen eines Gründerdarlehens geben. Zu den Auflagen, die vor der Bewilligung dieser Kredite erfüllt sein müssen, zählt immer ein Businessplan. In diesem Papier müssen die Geschäftstätigkeit des neuen Unternehmens, die Dienstleistungen und Produkte, die angeboten werden sollen, die dabei voraussichtlich anfallenden Kosten für Material, Miete und Mitarbeiter sowie die künftigen Einnahmen und die zu erwartenden Gewinne so realistisch und detailliert wie möglich beschrieben werden.

Wer nicht Betriebswirtschaft studiert oder wenigstens eine kaufmännische Ausbildung absolviert hat, wird für diese wichtige Aufgabe einen Fachmann hinzuziehen müssen. Die Zusammenarbeit mit dem Profi bereitet einen nicht nur auf die Gespräche mit den Banken vor, sondern schützt auch vor Fehlkalkulationen und bringt letztlich einen höheren Kredit.

Mir fehlte jegliches Wissen, um meinen eigenen Businessplan schreiben zu können, deshalb wandte ich mich an einen Unternehmensberater, den ein Bekannter meiner Schwester mir empfohlen hatte. Er war ein Glücksgriff. Hätte ich allein den Berater suchen müssen, hätte ich sicher viel Zeit verloren. Denn Unternehmensberater gibt es viele, nur: Den Richtigen zu finden, mit dem man gerne zusammenarbeiten möchte, ist nicht einfach. Meiner durfte natürlich nicht zu teuer sein und außerdem sollte er nicht nur bereit sein, sich eingehend mit meiner Thematik zu befassen, sondern er sollte Begeisterung dafür aufbringen können. Denn mit Begeisterung schreibt es sich überzeugender.

Es gibt keine billigen oder teuren Berater,
sondern nur die richtigen.

Mein Unternehmensberater war für mich die Idealbesetzung: Er brachte der Sache viel Enthusiasmus entgegen und sein professionelles Vorgehen gab mir ein gutes Gefühl. Ich konnte mich mit allen Fragen an ihn wenden und er half mir, die betriebswirtschaftlichen Aspekte zu verstehen.

Zusammen mit dem Unternehmensberater begann ich nun, meine Vision für die »Krawattenträger« in den Banken zu Papier zu bringen. Er stellte mir viele zahlenorientierte Fragen, die ich oft nicht beantworten konnte. So wollte er wissen, welche Preisspanne ich auf meine Getränke aufschlagen würde, wie hoch ich meine Personalkosten und die Miete veranschlagt hätte, wie viel Umsatz ich glaubte, erwirtschaften zu können, wie viele Kaffees ich am Tag verkaufen würde und so weiter und so weiter ...

Ich wollte mit dem Coffee Shop natürlich eines Tages – eher früher als später – Geld verdienen, hatte mir aber im Detail dazu noch keine Gedanken gemacht. »Muss es denn für die Bank so genau sein?«, fragte ich ein wenig verzweifelt. Aber ja, es musste! Gründliche Recherche und realistische Daten sind in einem Businessplan unverzichtbar, das hat mir mein Berater bei unseren zahllosen Meetings unmissverständlich klargemacht. Und natürlich bin ich heute noch dankbar für diese wichtige Einsicht. Sich bei der Planung etwas vorzumachen, in der Hoffnung, dass es nachher dann doch klappen wird, ist schlicht unternehmerischer Selbstmord.

Also nahm ich meine Recherchen wieder auf. Ich verschanzte mich in meinem Zimmer und wälzte die Bücher und Seminarunterlagen, die ich aus den USA mitgebracht hatte. Bestimmte Daten, wie Kaffeepreise, versuchte ich vom Deutschen Kaffeeverband, der in der Hamburger Speicherstadt sitzt, zu erhalten. Ich war persönlich dort und habe auch öfter mit einem der Mitarbeiter telefoniert. Der erste Kontakt zum Verband war allerdings alles andere als motivierend: Ein Mitarbeiter meinte, die Idee, einen Coffee Shop zu eröffnen, hätten schon viele vor mir gehabt und nach hohen Verlusten wieder aufgegeben. »In Deutschland läuft so etwas nicht«, lautete sein Urteil, und sollte mein Laden in einem Jahr noch existieren, könnte ich mich ja noch einmal bei ihm melden, um ihn vom Gegenteil zu überzeugen. Ich habe ihn natürlich nie angerufen.

Von diesem Skeptiker abgesehen waren die Mitarbeiter des Kaffeeverbandes sehr hilfreich. Sie nannten mir zum Beispiel Adressen von Kaffeeröstern und Maschinenherstellern.

Vergiss die Skeptiker, sie verunsichern nur.
Halte Dich an die Menschen, die an Dich glauben.
Es gibt sie!

Um Zahlen über Materialeinsatz und Umsatz zu ermitteln, klapperte ich viele Röstereien in Deutschland ab. Zu meinen Standardfragen gehörte, wie viele Tassen Kaffee man aus einem Kilo gerösteter Bohnen herstellen könnte. Dann errechnete ich auf der Basis des Kilopreises den Wareneinsatz. Um eine Vorstellung zu bekommen, mit welchem Umsatz ich rechnen könnte, fragte ich die Hersteller von gewerblichen Kaffeeautomaten, wie viele Espressi ihrer Erfahrung nach am Tag durch so eine Maschine liefen. Die meisten gaben bereitwillig Auskunft und schilderten ihre Erfahrungen in der Branche.

Aus allen Antworten ermittelte ich den groben Durchschnitt und zusammen mit den Fakten aus meinen vorherigen Recherchen ergab sich eine ungefähre Kalkulation. Ich schlug noch eine Sicherheitsmarge von etwa zehn Prozent drauf, denn ich durfte mich ja auf keinen Fall verkalkulieren. Der Schaden ginge letztlich zu meinen Lasten.

Nach zwei Monaten intensiver Zusammenarbeit waren wir dann endlich so weit: Der Businessplan war fertig. Das erste

Exemplar ausgedruckt und gebunden in der Hand zu halten war ein unbeschreibliches Gefühl. Das war das erste Stück meines eigenen Coffee Shops! Der Inhalt des Schriftstücks spiegelte die Entwicklung meiner Idee wider, die plötzlich so real, so machbar erschien, und die Realisierung meines Unternehmens wurde greifbar. Wir hatten eine so tolle Zusammenfassung meiner Coffee-Shop-Vision, dass selbst ich von meiner eigenen Idee überwältigt war.

Und plötzlich bekam ich große Angst, dass die Banken mein Kreditbegehren ablehnen würden. Ich hatte mein Vorhaben so verinnerlicht, mich so stark mit meiner Idee identifiziert, dass ich eine Absage kaum verkraftet hätte. Es musste einfach klappen!

Zu meiner Überraschung verlief das Gespräch bei der Bank viel reibungsloser, als ich es erwartet hatte. Die Banker fanden meinen Businessplan professionell und durchdacht. Und nachdem sie sich eingehend bei der Schufa über mich erkundigt hatten, bekam ich von der Deutschen Ausgleichsbank zwei der damals gängigsten Existenzgründerdarlehen. Nun konnte ich endlich starten. Auf meinem Geschäftskonto lagen 300.000 Mark.

Zu diesem Zeitpunkt bestand meine Firma also aus einem Bankkonto, meinem alten Kinderzimmer als Büro, dem Telefonanschluss meiner Eltern und meinem Terminkalender. Genau genommen war ich die Präsidentin und Geschäftsführerin meines Aktenkoffers – meiner früheren Schultasche.

Nur einen Namen hatte meine Firma noch nicht ...

DAS KIND BRAUCHT EINEN NAMEN

Kopfzerbrechen bereitete mir lange Zeit die Wahl eines unverwechselbaren Namens und Logos. Beides kann man nicht hoch genug einschätzen. Mein Coffee Shop sollte ein passendes Markenzeichen und einen griffigen, klaren Schriftzug haben, den die Kunden erkennen und sich leicht merken können.

Ich wandte ich mich an das Deutsche Patent- und Markenamt und erkundigte mich über den Eintragungsprozess eines Namens und einer Marke. Das Patentamt erklärte mir den Unterschied zwischen Wort- und Bildmarke und verwies mich auf das Markenarchiv. Dort kann man selbst prüfen, ob nicht schon jemand anderes die gleiche oder eine ähnlich klingende Marke angemeldet hat. Dabei lernte ich auch, dass der Eintrag beim Markenamt in Deutschland wichtiger ist als die Anmeldung einer Domain für den Internetauftritt. Im Konfliktfall gewinnt immer die eingetragene Marke.

Die Suche nach einem geeigneten Namen für meinen Shop zog sich hin. Jedes Mal, wenn mir ein Name besonders gut gefiel, schaute ich im Register nach, ob er nicht bereits durch existierende, eingetragene Marken besetzt war.

Der Name musste unverwechselbar sein. So etwas wie »Coffee Shop« oder »Fresh Coffee« war zu allgemein. Wie sollte ich mich damit von den anderen Cafés oder Geschäften, die Kaffee und Tee verkauften, unterscheiden! Außerdem musste ich ja auch damit rechnen, dass meine Idee Schule machen und andere Coffee Shops entstehen könnten. Ein griffiger Eigenname mit Wiedererkennungswert musste her. Wenn man das Glück hat, selbst einen schönen Namen zu tragen, ist das hilfreich. Aber in meinem Fall klang »Kullmann Kaffee« eher nach einem altmodischen Kaffeehaus, in dem man sonntagnachmittags mit Oma gedeckte Apfeltorte isst.

Unaufhörlich suchte ich nach einem passenden Namen für meine Firma. Keiner schien mir gut oder prägnant genug. Schließlich griff ich den Vorschlag eines Bekannten auf, der mir während eines Telefongesprächs von dem französischen Schriftsteller Honoré de Balzac (1799–1850) erzählte: »... Balzac war süchtig nach Kaffee. Er trank ihn sehr stark und schwarz und nutzte seine Wirkung als Inspiration für seine Arbeit.« Auf einmal erschien mir das gar nicht mehr so abwegig. Balzac Coffee – das war es. Der Name schien perfekt. Ein französischer Name, ein amerikanisches Konzept, italienische Rezepturen und deutscher Standort. Das war genau der richtige globale Mix für meinen klassenlosen, internationalen, konventionsfreien Coffee Shop.

Aber um meine Entscheidung zu überprüfen, hatte ich alle Alternativen bei mir an die Wand geklebt. Ich wollte testen, wie sie mir gefallen würden, wenn ich immer wieder daran vorbeilief, sie bewusst oder unbewusst wahrnahm, wie sie geschrieben wirkten und ob ich mich an den Markennamen gewöhnen könnte. Ich fragte mich: Würde man sagen »Komm, lass uns zu Balzac gehen!«? – Ja! Man würde!

Der Name allein reichte jedoch noch nicht. Ich hätte zwar schon die Wortmarke anmelden können, aber das Logo musste unbedingt dazupassen. Es sollte schließlich mein Aushängeschild werden. Ich brauchte einen professionellen Grafiker.

Jeder hat mindestens einen Grafiker in seinem Bekanntenkreis – und auch ich konnte darauf zurückgreifen. Aber überzeugende Entwürfe waren nicht dabei. Es schien alles schon da gewesen und war irgendwie gar nicht oder zu neu. Die meisten bauten Monsieur Balzac irgendwie in das Logo ein, aber der ist leider nicht besonders hübsch und das Ganze bekam mehr den Look eines französischen Bistros. Andere hoben total ab und zeigten zum Beispiel ein großes B vor einem verschwommenen Hintergrund. Durchaus passend für die Titelseite eines avantgardistischen, neuen Magazins – aber viel zu distanziert und kühl für meine geplante Wohlfühloase.

Ich konnte mich mit keinem der Vorschläge identifizieren. Die Suche führte in immer mehr Richtungen und ich wusste immer weniger, was ich wollte. Also orientierte ich mich wieder an den Konzepten, die ich mochte: Runde Logos wie zum Beispiel bei »Bärenmarke« gefielen mir besonders gut. Ich begann darüber nachzudenken, warum mich dieses Markenzeichen so faszinierte. Zwei Aspekte kristallisierten sich heraus: Zum einen stachen siegelartige Logos überall heraus, sie schienen für Qualität zu bürgen, waren prägnant und leicht wiedererkennbar – und wenn ich die Farben richtig wählte auch kostengünstig. Zum anderen mochte ich »Icons«, schematisierte Darstellungen, die die Marke bildlich begleiten, prägen und die Wiedererkennung erleichtern. Damit hatte ich mich entschieden: Ich wollte ein Siegel mit einem Icon.

Zusammenfassend hatte ich mir folgende Kriterien für den Namen und das Logo meines Coffee Shops überlegt:

- Internationalen Namen und Look haben
- Zweifarbig/kostengünstig sein
- Siegelartig sein
- Mit Icon versehen
- Freundlichen Look haben
- Emotionales Potenzial haben
- Zeitlos sein

Aber wie genau sollte es aussehen? An diesem Punkt verließ mich meine Phantasie. Also sprach ich wieder mit Kreativen und Grafikern aus Werbeagenturen. Schließlich riet mir ein Studienkollege meiner Schwester, mich an einer Hamburger Grafikschule umzusehen. Er bewertete einen Studentenwettbewerb für einen Logoentwurf und lud mich ein, ihn dabei zu begleiten. Ich dachte: Wer weiß!? Ich war bisher nur gegen Wände gelaufen, alles war an dieser Stelle einen Versuch wert und vielleicht würde ich dort Leute finde, die gut zu mir passten. Schließlich war ich theoretisch selbst noch Student. Ohne dass ich es ahnen konnte, kam ich der Verwirklichung meiner Vision einen großen Schritt näher.

Denn unter den ausgestellten und preisgekrönten Entwürfen entdeckte ich fast genau das Logo, nach dem ich so lange gesucht hatte. Es war rund, siegelartig, prägnant – in der Mitte saß ein kleiner fetter Engel auf einer Vespa, der mich freundlich anlachte. Es war einfach perfekt! Das sollte es sein. Schnell lernte ich die Studentin kennen, wir stimmten das Logo gemeinsam auf meinen gewählten Namen und Slogan »Finest Espresso Specialities« ab und sie war bereit, mir ihren Entwurf zu verkaufen. Für diesen Erwerb musste ich zum ersten Mal einen Anwalt hinzuziehen, denn Copyright ist ein wesentlicher Faktor bei der Nutzung geistigen Eigentums Dritter und ich wollte mir mit dem Logo sicher sein. Natürlich konnte ich mir keinen teuren Markenanwalt leisten, aber ein guter Vertrag ist in solchen Dingen unerlässlich. Wieder half ein Bekannter. Er verschaffte mir einen günstigen Deal bei einem Markenrechtsanwalt und der setzte mir schnell einen entsprechenden Vertrag auf.

Endlich konnte ich Wort- und Bildmarke meiner Firma beim Markenamt eintragen lassen.

Der Erwerb der Logo- und Namensrechte ist sehr, sehr wichtig und sollte noch vor Firmengründung oder Shop-Eröffnung geklärt sein. Es ist unerlässlich, von Anfang an über die Nutzungsrechte zu verfügen. Wenn man sich erst etabliert hat und dann feststellt, dass der Urheber noch über die Rechte verfügt, kann das ziemlich unangenehme Folgen haben. Entweder wird es sehr teuer oder aber der Name oder das

Markenzeichen muss geändert werden, weil der Urheber die Nutzung nicht gestattet. Eine Namensänderung ist immer eine heikle Angelegenheit, welche die Kunden verwirrt und oft katastrophale Konsequenzen auslöst.

Ich erinnere mich gut an einen derartigen Vorfall in New York. Dort gab es eine sehr bekannte italienische Restaurantkette namens »Sofia«. Es war cool zu sagen »Wir gehen zu Sofias«. Aus markenrechtlichen Gründen mussten sie ihren Namen aber in »Serafina« ändern. Danach klang es lange nicht mehr so trendy. Das Gefühl und die Erwartungen, die mit einer Marke oder einem bestimmten Namen verbunden werden, lassen sich nicht einfach auf ein anderes Zeichen übertragen. Für Kunden ist es sehr verwirrend, wenn sie die Adresse oder Telefonnummer bei der Auskunft abfragen wollen und der Name nicht gefunden wird. Sie denken dann zunächst, der Laden habe zugemacht. Das allein kann einen großen Imageschaden anrichten und sich als Umsatzrückgang niederschlagen. Abgesehen davon spricht es nicht für die Betreiber, wenn sie ihre Hausaufgaben nicht richtig gemacht haben. Man überträgt das gedanklich auch auf andere Aspekte des Unternehmens.

Nachdem ich nun also den Namen und das Logo gefunden hatte, meldete ich meine Wort- und Bildmarke an. Dabei ging ich einen Schritt weiter als nötig. Ich ließ beide Markenrechte gleich für die gesamte EU-Zone und zusätzlich für China schützen. Man konnte ja nie wissen ...

Für die Buchhaltung und die Formalitäten bei der Firmengründung konnte ich den Steuerberater meiner Eltern gewinnen. Er erklärte mir die steuerlichen Konsequenzen der einzelnen Unternehmensformen und empfahl mir und meiner Schwester, zusammen erst einmal eine Gesellschaft bürgerlichen Rechts, eine GbR, zu gründen. Im Oktober 1997 gründeten wir unsere Balzac Coffee GbR offiziell.

Mein Traum hatte nun mit der Finanzierung, einem klasse Logo und Namen sowie der angemieteten Fläche konkrete Formen angenommen.

DIE ECHTE BALZAC CAFFE LATTE

Immer wieder fragen unsere Kunden nach dem Unterschied zwischen einer Latte Macchiato und der von Balzac angebotenen Caffè Latte.

Vom Inhalt her ist beides gleich: geschäumte Milch mit Espresso, nur die Art der Zubereitung und die Servierart sind unterschiedlich.

Latte Macchiato kommt aus dem Italienischen und heißt übersetzt »gefleckte Milch«. Sie wird im Glas serviert. Zuerst wird die geschäumte Milch eingegossen und anschließend der Espresso. So zieht der Espresso ein Muster in die Milch, ohne sich gleichmäßig zu vermischen.

Caffè Latte schmeckt im Prinzip wie die Latte Macchiato, ist aber nur halb so spektakulär im Aussehen. Das kommt daher, dass die beiden Zutaten genau umgekehrt zusammengeführt werden. Zuerst wird der Espresso ins Gefäß gegeben und anschließend mit Milch aufgegossen. Milch und Espresso vermischen sich zu einer einheitlichen Farbe. Die Caffè Latte wird im Becher serviert.

Probieren Sie mal meine Lieblingsvariante: *Hazelnut Latte*

20 ml Haselnusssirup

1 Espresso

200 ml geschäumte Milch

EIN TRAUM WIRD WIRKLICHKEIT

BALZAC BRAUCHT EIN ZUHAUSE

Der Laden, den ich voller Begeisterung angemietet hatte, erwies sich bei näherem Hinsehen eher als Bruchbude und musste von Grund auf saniert werden.

Die Fassade war in den 60er- oder 70er-Jahren kaputt renoviert worden. Eine schlichte Katastrophe! Die Fenster waren in hässlichem Altgrün gestrichen, die Farbe halb abgeblättert und schon mehrfach überstrichen und zum Teil waren die Fenster sogar zugenagelt. Kurzum: Die Fassade musste komplett erneuert werden. Innen gab es noch eine relativ hübsche, aber über die Jahre stark abgenutzte und umfunktionierte Apothekeneinrichtung aus den 20er-Jahren. Sie war aus Holz, das später weiß angestrichen worden war. Ich konnte sie für meine Zwecke nicht verwenden, als Tresen taugte sie nicht. Also musste sie raus.

Böse Überraschungen auch bei den Wänden: Als ein Handwerker einen Dübel anbringen wollte, kam er auf der anderen Seite, bei der Nachbarin, mit dem Bohrer wieder heraus. Die Wände waren dünn wie Pappe. Sie fielen fast von selbst in sich zusammen. In den Trümmern fanden wir noch Zeitungen von 1890. Im hinteren Teil des Geschäfts führte eine kleine, sehr steile Holztreppe in ein Zwischengeschoss über dem Laden. In diesem Raum konnte ich so eben stehen: Die Deckenhöhe betrug gerade einmal 1,80 Meter.

Inzwischen weiß ich, dass all diese Mängel und räumlichen Gegebenheiten keine guten Voraussetzungen für einen neuen Laden waren. Solche Flächen würde ich heute nicht mehr mieten, aber damals war ich begeistert von meinen Geschäftsräumen. Wir mussten uns mit der Fläche und ihren Unzulänglichkeiten eben arrangieren. Aber es war auch klar, dass ich den Umbau nicht allein planen konnte. Es musste so viel geändert werden, dass ich dringend einen Architekten brauchte.

Diesmal gaben mir meine Eltern den entscheidenden Tipp. Sie schlugen vor, doch mal mit den Architektinnen zu sprechen, die einige Jahre zuvor ihr Haus umgebaut hatten. Als ich die beiden Damen anrief, stellte sich zwar schnell heraus, dass sie noch nie einen Coffee Shop eingerichtet hatten, doch gerade das verband uns eigentlich. Es war für sie ebenso neu wie für mich und daher ebenso aufregend. Die Architektinnen nahmen den Auftrag gerne an.

Bei Architekten-Honoraren greift, wenn nicht anders verhandelt, die bestehende Bauverordnung, die dem Architekten einen gewissen Prozentsatz der gesamten Bausumme zuspricht. Mein Ziel war es damals deshalb, den Bau so kostengünstig wie möglich zu verwirklichen. Meine beiden Architektinnen halfen mir dabei.

Es begann eine Art kreative Schicksalsgemeinschaft. Jetzt ging es darum, wie mein persönlicher Coffee Shop tatsächlich aussehen würde. Ich musste mir Gedanken machen, wo der Tresen stehen sollte, welche Oberflächen dafür in Frage kamen, wie viele Mülleimer notwendig waren oder wo das Waschbecken eingebaut werden sollte. Fast täglich besuchte ich sie in ihrer Wohnung mit anliegendem Büro. Oft schwebte noch der Duft eines köstlichen Mittagessens in der Luft, wenn ich am Nachmittag bei Kaffee und Keksen mit ihnen über den Plänen brütete. Die Atmosphäre erinnerte mich gelegentlich an meine früheren Besuche bei Nachhilfe- oder Klavierlehrern.

Manchmal vergaß ich darüber sogar meine Rolle als Auftraggeberin, aber gleichzeitig erleichterte die persönliche Umgebung und ihre mütterliche Art die Ideenfindung. Ihre Erfahrungen mit Wohnungsrenovierungen und dem Umbau von Privathäusern trugen erheblich dazu bei, dass der Shop eine gemütliche und persönliche Note erhielt. Ich war zuversichtlich, mit ihrer Hilfe meinen Kunden das anvisierte zweite Zuhause bieten zu können.

Daneben gab es allerdings noch weitere Kriterien, die beachtet werden mussten: Denn obwohl ich nicht weiter dachte als bis zu dem Tag, an dem ich die Türen meines Ladens öffnen würde, wollte ich einen prägnanten und beständigen Look haben, den man gegebenenfalls multiplizieren konnte. Ich verglich dazu die Konzepte anderer Restaurants, die ich gesehen hatte, und stellte immer wieder fest, dass mir die Einrichtungskonzepte am besten gefielen, die Wohlempfinden auslösten. Der neue deutsche Trend mit hellen, sogenannten freundlichen Farben, viel Edelstahl und/oder Milchglas im Kontrast zu dunklem Holz war für meinen Shop falsch. Das mochte vielleicht chic aussehen, es war aber leider keinesfalls gemütlich!

Ich verbinde Essen und Trinken mit Genuss und dieser durfte nicht durch eine kühle Umgebung gestört werden. Im Gegenteil: Man sollte sich in den Räumen so wohlfühlen, dass man gerne reinkommt – oder besser noch, wie ich damals in New York, am liebsten einziehen möchte. Die Atmosphäre sollte beim Besucher Energie aufbauen, statt sie ihm zu entziehen. Grundsätzlich kamen daher für mich nur dunkle Elemente und warme Farben in Frage. Ich machte mein Empfinden zum Maßstab. Doch nicht nur ich müsste die Atmosphäre mögen, buchstäblich jeder sollte sich willkommen fühlen.

Mit diesem Hintergedanken begann ich nach Materialien zu suchen. Wenn man einmal genau darüber nachdenkt, hat jeder ein persönliches Empfinden von »billig«, »trendy« oder »wertvoll«. Es galt, den größten gemeinsamen Nenner zu finden, bei dem jeder die Kombination der verschiedenen Oberflächenstrukturen mit Gemütlichkeit verband.

Deshalb achtete ich sehr auf die Zusammenstellung der Elemente. Jedes Material für sich sollte sich den anderen unterordnen, damit sie als Gruppe miteinander verschmelzen und unterschwellig ein gutes Gefühl vermitteln würden.

Keines sollte im Detail die Aufmerksamkeit auf sich ziehen. Mein Ladenkonzept sollte ein »Evergreen« werden und keinen Wow-Effekt auslösen, denn ich hatte Angst davor, dass die Balzac-Einrichtung sonst nur ein kurzfristiger Trend würde.

Letztlich entschied ich mich für simple MDF-Platten als Tresenmaterial, die aber schön aufgearbeitet eine gemütliche Grundstruktur brachten und damals als Einrichtungsmaterial neu waren. Dazu kombinierte ich eine olivfarbene Küchenarbeitsplatte, die ein Händler gerade aus dem Programm nahm, für meine Zwecke aber hervorragend passte.

Entgegen der Ratschläge meiner Fachleute, die mir nicht mehr als zwei Holzarten pro Raum genehmigen wollten, wählte ich Kiefernholz für die Stoßleisten entlang der Wände und wiederum Buche für die Menüleisten: Ich konnte nicht genug verschiedene Oberflächenstrukturen im Laden haben. Ich fand, sie gaben dem Raum Leben. So wählte ich einen leicht unebenen, in sich violett schimmernden schwarzen Fußboden. Später habe ich das auch noch erweitert und bis zu drei Materialien im Fußboden verbaut: Linoleum, Fliesen und Stein.

Als unsere Planungsphase so weit fortgeschritten war, dass das Konzept stand, wandten meine beiden Architektinnen und ich uns ans Bauamt, um uns nach den genauen Bestimmungen über Toiletten, Fluchtwege und Arbeitsschutz zu erkundigen. Als ich mit einem fertigen Entwurf bei der Behörde vorstellig wurde, konnte ich nicht ahnen, dass ich damit die Kiste der Pandora öffnen würde.

IM LABYRINTH DER VORSCHRIFTEN

Die Behördentour wurde ein Parforceritt. Allein die vorgeschriebenen Bedingungen der verschiedenen Ämter, die bei der Eröffnung eines Gastronomiebetriebes beachtet werden müssen, strapazierten meine Geduld aufs Äußerste. Bevor man in Deutschland einen neuen Betrieb eröffnen darf, muss eine ganze Reihe von Behörden abgeklappert werden: Gewerbeamt, Bauamt, Feuerwehr, Polizei und in vielen Fällen auch der Denkmalschutz. Jeder redet mit, jeder hat eigene Bestimmungen – und für mich wurde da keine Ausnahme gemacht. Manchmal habe ich die nervenaufreibenden Verhandlungen mit den Behörden nur durchgestanden, weil ich mir sagte, dass man immer etwas mitnimmt aus den Gesprächen mit den Amtspersonen: Selbst wenn sie »Nein« sagen, weiß man nachher doch mehr als vorher.

Der Beamte der Baubehörde sah sich die Pläne und die Flurkarte von dem Haus in den Colonnaden an. Er schien keine besonderen Einwände erheben zu wollen, bestand aber darauf, dass ich den Denkmalschutz hinzuziehen müsste, da es sich ja wahrscheinlich um ein altes Haus handele. Erst wenn die meinen Umbau für unbedenklich erklärten, würde er sich mit der Angelegenheit weiter befassen. Also verabredete ich einen Termin zur Ortsbesichtigung. Ich ahnte nichts Böses, denn meine geplante neue Fassade konnte dem Haus nur guttun, davon war ich fest überzeugt.

Doch wie sich herausstellte, hatte ich mich gründlich geirrt, und der Herr vom Denkmalschutz lehrte mich das Fürchten. Das Haus stand zwar nicht unter Denkmalschutz, es hatte nur einen Vermerk »E«, was so viel bedeutet wie »erhaltenswert«. Aber dann fand der Beamte plötzlich die alte Apotheken-einrichtung »hübsch« und stellte sie unter Denkmalschutz. Sie darf nicht entfernt werden, beschied er kurz und knapp. Mir wurde ganz schwindelig, ich versuchte zu argumentieren, erklärte das Einrichtungskonzept meines Ladens, zu dem die Apothekenzeile nicht passen würde. Der Denkmalschützer ließ sich auf nichts ein: »Die Apotheke bleibt drin!«

Heute weiß ich, dass in meinem Fall gar keine Einrichtungs-gegenstände unter Denkmalschutz hätten gestellt werden dürfen, aber damals hatte ich von solchen Bestimmungen keine Ahnung und auch meine Architektinnen hatten so einen Fall noch nie erlebt. Weil man aber Mitarbeiter von Behörden nie verärgern sollte, denn die sitzen immer am längeren Hebel, biss ich die Zähne zusammen, lächelte freundlich und ver-sprach eine Lösung zu finden. Ich hatte keine Ahnung, wie ich die Einrichtung in mein Konzept integrieren könnte. Ent-täuscht zog ich von dannen. Ich hatte ein Problem, dessen Lösung nicht in meiner Macht stand.

Ich ärgerte mich, war wütend und schimpfte auf die un-flexiblen Behörden. Nach all der Arbeit und den ganzen Pro-blemen, die ich schon bewältigt hatte, sollte mein Projekt nun an dieser alten, kaputten Apothekerzeile scheitern? Das konnte doch nicht wahr sein! Zusätzlich zu meiner Enttäuschung spürte ich zum ersten Mal tiefe Existenzangst: Wovon sollte ich ab 1. Januar die Miete bezahlen, wenn ich den Laden noch nicht einmal eröffnen konnte?

Ich wollte fast aufgeben, da kam der rettende Anruf meiner Architektin, die für mich beim Denkmalamt wie eine Löwin gekämpft hatte. Nach vielen Verhandlungen hatte sie endlich die Lösung gefunden. Ich musste mich verpflichten, die Einrichtung sauber auszubauen und außerdem zusagen, dass sie wieder in eine Apotheke der Hansestadt eingebaut werden würde. Bald hatte ich einen Antiquitätenhändler ausfindig gemacht, der mir half, einen Abnehmer für das – ach so – kostbare Stück zu finden. Heute ziert die alte Einrichtung wieder eine Hamburger Apotheke.

Dank des Verhandlungsgeschicks meiner Architektinnen und der Hilfe des Trödlers konnte ich mich wieder meiner eigentlichen Aufgabe widmen und mein Bauvorhaben den anderen für meinen Umbau zuständigen Ämtern vorstellen.

Der nächste Schrecken ließ nicht lange auf sich warten. Allerdings war ich einen Schritt weitergekommen, denn ich hatte kapiert, dass die Welt nicht zusammenbricht, wenn jemand »Nein« sagte und mir neue, unüberbrückbare Steine in den Weg legen wollte. So blieb ich verhältnismäßig ruhig, als der Beamte vom Bauamt erklärte, ich müsste zwei Parkplätze für meine Gäste bereitstellen. Durch die Nutzungsänderung von einem Einzelhandelsgeschäft in ein Café würden mehr Leute in die Stadt kommen, für die Parkplätze geschaffen werden müssten. Die konnte ich natürlich nicht stellen!

Für diesen Fall hatte die Stadt Hamburg eine ganz schnelle Lösung parat. Sie nahm gerne eine Ablösesumme von 16.000 Mark pro Parkplatz in Empfang und man war das Problem los. Von mir forderten sie also den Betrag für zwei Stellplätze: insgesamt 32.000 Mark.

Bei dieser Summe stockte mir dann doch der Atem. Eine Ausgabe in dieser Höhe war in meinem Businessplan nicht vorgesehen. Ich fand, dass der Betrag in keinem Verhältnis zu meiner Gesamtinvestition stand: Allein diese beiden Parkplätze sollten 10 Prozent meiner insgesamt zur Verfügung stehenden Mittel verschlingen. Unfassbar!

Wieder machte mich der Gedanke rasend, dass ein Beamter durch eine völlig unangemessene Auslegung einer Vorschrift die Realisierung meines Projekts ins Wanken brachte. Erneut fühlte ich mich der Gnade anderer ausgeliefert. Wieso mussten Einzelhandelsgeschäfte keine Parkplätze nachweisen? Ich begann mich auch zu fragen, ob wirklich alle kleinen Restaurants, Cafés oder Pizzabuden eine Ablöse bezahlt hatten. Wie war das eigentlich mit der kleinen Eisdiele am Hamburger Stephansplatz? Hatte diese etwa auch solche horrenden Parkplatzauflagen erfüllen müssen? Ich konnte es mir beim besten Willen nicht vorstellen, denn es stand einfach nicht im Verhältnis zur Investition.

Also musste es auch für mich eine Lösung geben. Und die fiel mir dann eines späten Abends ein, als ich die Bestimmungen wieder einmal durchlas. Was wäre, wenn ich auch Kaffeebohnen und Tassen, also Einzelhandelsware, in meinem Shop verkaufen würde? Dann wäre ich doch auch ein Einzelhandelsgeschäft und vom Parkplatznachweis befreit. Schnell plante ich ein paar Regale mehr ein und erklärte den größeren Bereich meines Ladens zum Einzelhandelsgeschäft. Die Nutzung des Ladens würde dadurch nicht gestört, aber offiziell war er nun kein Gastronomiebetrieb mehr.

Ein »Nein« kann auch kreativ machen!

Als ich meinen Architektinnen am nächsten Morgen von meinem Plan erzählte, war ich ihnen gerade zuvorgekommen, sie hatten auch schon mit der Behörde verhandelt und dabei den Wink erhalten, dass Einzelhandelsgeschäfte von der Parkplatzpflicht befreit seien. Damit war auch diese Hürde genommen. Die Architektinnen teilten die Fläche des Ladens neu auf. Der Bereich, in dem der Ausschank stattfinden sollte, wurde auf ein parkplatzfreies Maß reduziert, der Einzelhandelsanteil deutlich erweitert. Ich meldete mein Gewerbe als Einzelhandel mit Kaffeeausschank an. Manchmal muss man die Dinge eben einfach von einer anderen Seite betrachten ...

Später, bei der Planung der größeren Balzac Shops, ging diese Rechnung dann leider nicht mehr auf, aber zum Glück haben sich die Bestimmungen in Hamburg etwas gelockert. Jetzt müssen Fahrradständer statt PKW-Parkplätzen bereitgestellt oder abgelöst werden und Fahrradparkplätze sind – zum Glück – nicht so teuer.

Bei der Planung des ersten Ladens war ich damals allerdings noch lange nicht am Ziel meines Hürdenlaufs durch die Hamburger Behörden-Bürokratie.

Sitzplätze, die ich eigentlich geplant hatte, konnte ich nicht einrichten, weil ich dann auch Kundentoiletten hätte anbieten müssen. Aus Platzgründen war aber nur eine Toilette für alle vorgesehen. In anderen Ländern benutzten Gäste, Mitarbeiter und auch die Chefs das gleiche WC. Aber in Deutschland reichte das damals natürlich nicht. Ein Gastronomiebetrieb musste hier Mitarbeiter-WCs und Gäste-WCs, jeweils für Männer und Frauen getrennt, vorweisen können, wobei sich die Anzahl nach der Zahl der Vollzeit-Mitarbeiter und der Sitzplätze richtet. Ich wies den Beamten darauf hin, dass im Flugzeug oder Zug die Menschen doch auch alle dieselbe Toilette benutzten. Außerdem sei es doch auch diskriminierend für die Mitarbeiter, denn meistens seien die Kunden-WCs netter eingerichtet als die Toiletten fürs Personal.

Der Sachbearbeiter ließ sich aber nicht beirren, er erläuterte ungerührt den Hintergrund der Vorschrift: Nicht das Wohlbefinden des Kunden stünde im Vordergrund, sondern das Wohlergehen der Mitarbeiter, die müssten vor den Keimen geschützt werden, welche die Kunden einschleppen könnten.

Im Gegensatz zu den Mitarbeitern seien die Kunden ja auch nicht verpflichtet, sich nach der Benutzung der Toiletten die Hände zu waschen. Wenn die Waschräume von Kunden und Personal gemeinsam genutzt würden, könnte die gesetzlich verlangte Hygiene nicht sichergestellt werden.

Meine Kunden waren also demnach eventuell schmutziger als meine Mitarbeiter oder ich selbst: Diese Idee empörte mich. Aber es nutzte alles nichts, wenn sich meine Gäste setzen durften, musste ich zusätzlich je ein Damen- und ein Herren-WC einrichten, sonst bekam ich meine Betriebsgenehmigung nicht. Ich war zwar nicht überzeugt, musste aber einwilligen. Dann eben keine Sitzplätze und ausschließlich weibliche Mitarbeiter als Angestellte (da ich ja für die Mitarbeiter auch nur eine Toilette anbieten konnte). Wie ich das später arbeitsrechtlich durchsetzen sollte, war zu dem Zeitpunkt irrelevant. Der Beamte war jedenfalls zufrieden.

Heute, zehn Jahre später, haben sich die WC-Bestimmungen gelockert. Jetzt braucht man bei einer Ausschankfläche bis zu 50 qm nur noch eine Toilette für Kunden sowie Mitarbeiter – und auch die Geschlechtertrennung wurde bei dieser Betriebsgröße aufgehoben.

Den nächsten Konflikt mit der Behörde verursachte der Pausenraum. Vollzeitkräfte brauchen einen Aufenthaltsraum und der unterliegt – natürlich – genauen Bestimmungen. Ich hatte dafür einen schönen Raum im Zwischengeschoss vorgesehen, der urgemütlich war und schöne alte Fenster hatte.

Doch der Bauprüfbeamte fand dieses kuschelige Zimmer nicht angemessen. Die Deckenhöhe betrug nur 1,80 Meter, Pausenräume müssten aber mindestens 2,20 Meter hoch sein. Außerdem seien die Fenster viel zu klein.

Dann würde es eben, außer mir, keine Vollzeitarbeitskräfte geben. Alle anderen würden Teilzeit arbeiten, dann – so hatte ich herausgefunden – brauchte ich auch keinen Aufenthaltsraum. Erstaunlicherweise glaubten die Beamten wohl, dass Leute, die täglich nur ein paar Stunden oder zwei bis drei Tage pro Woche arbeiten, keine Pause brauchen. Bis heute finden aber alle Mitarbeiter ausgerechnet diesen kleinen Mezzaninraum in meinem ersten Laden im Vergleich zu allen anderen am gemütlichsten.

Mit dieser Entscheidung war ich endlich am Ziel meines Verwaltungs-Marathons angelangt. Fast waren mir darüber graue Haare gewachsen, aber ich hatte gelernt, dass man mit Geduld und Auslegungstricks eigene Ideen weitgehend unversehrt durch den behördlichen Vorschriftendschungel schleusen kann. Ein stählernes Nervenkostüm und ein hohes Maß an Beharrlichkeit sind jedoch unerlässlich.

Ich frage mich oft, wie Ausländer, die der deutschen Sprache vielleicht nicht so mächtig sind, die aber interessante neue Konzepte auf den Markt bringen würden, die deutsche Amtsbürokratie überwinden. Sicher entgehen uns dadurch viele exotische Unternehmenskonzepte und wer weiß was sonst noch alles. Bis heute wünschte ich, dass dieser ganze Prozess weniger kompliziert wäre und ein Jungunternehmer mehr Unterstützung fände – statt ständig bei der Umsetzung seiner Ideen behindert zu werden. Auch ich hätte für mein eigenes Vorhaben mehr Wohlwollen von Behörden erwartet, ab und an den Satz »Mal sehen, ob sich oder was sich machen lässt« statt »Das geht nicht« (wenn es später dann doch ging). Diesen Pessimismus gestand mir ein Beamter aus dem Lebensmittelamt sogar später ein: Er hätte mir kein halbes Jahr gegeben, offenbarte er mir einige Monate später. Das ist nicht besonders hilfreich!

Im Januar hatte ich schließlich alle Unterschriften beisammen und der Umbau konnte endlich beginnen. Zum Auftakt stieß ich mit einem Bekannten auf mein neues Unternehmen an. Er war mit einer Flasche Prosecco und Gläsern zu unserer Verabredung gekommen und wir fuhren mit einer Taschenlampe bewaffnet in den eiskalten, dunklen Laden. Die Fläche war offiziell eingeweiht.

Der Umbau ließ mich dann den vorhergegangenen Behördenstress schnell vergessen. Ich hätte am liebsten den ganzen Tag auf der Baustelle verbracht und fasziniert das Eindrehen jeder Schraube beobachtet. Mein Shop nahm langsam Gestalt an und ich schwebte wie auf Wolken.

Erst als ich einige Wochen nach Baubeginn die ersten erschreckend hohen Rechnungen im Briefkasten fand, holte mich das auf den Boden der Tatsachen zurück. Ich machte mir zum ersten Mal ernsthaft Gedanken, ob überhaupt jemals jemand meinen Shop besuchen würde! Aber in jenem Moment war das Motto einfach: Verdrängen! Für Zweifel hatte ich keine Zeit mehr. Es konnte nur noch vorwärts gehen. So viele Aufgaben mussten noch bewältigt werden. Dabei war es schon Februar 1998 und nur noch drei Monate bis zur Eröffnung.

SIEBEN SCHRITTE ZUM PERFEKTEN KAFFEE

1. Achten Sie auf die Mahlung!

Mahlen Sie Ihre Bohnen selbst und nur so viel, wie Sie brauchen! Je frischer die Bohne, desto mehr Aroma hat Ihr Kaffee. Mahlen Sie die Bohnen jedoch nicht zu fein! Zu feines Kaffeepulver verursacht die Freisetzung von Bitterstoffen, da das Wasser zu lange in Kontakt mit dem Kaffee steht. Und mahlen Sie die Bohnen auch nicht zu grob, denn bei zu grober Mahlung hat das Wasser nicht genug Angriffsfläche, das Aroma kann sich nicht voll entfalten. Der Kaffee schmeckt wässrig.

2. Benutzen Sie immer frisches, kaltes Wasser!

Ihr Kaffee besteht zu 99 Prozent aus Wasser! Gute Wasserqualität ist entscheidend. Benutzen Sie besser einen Wasserfilter oder abgefülltes Wasser.

3. Die magische Formel lautet: 10 g Kaffeepulver pro Tasse (180 ml). Halten Sie das Verhältnis konstant!

4. Vermeiden Sie kochendes Wasser!
Zu heißes Wasser setzt Bitterstoffe im Kaffee frei. Die Temperatur sollte zwischen 80 und 90 Grad C liegen.

5. Kaffee sollte nur etwa 20 Minuten warm gehalten werden!
Danach verkocht das Aroma und der Kaffee entwickelt einen säuerlichen und bitteren Geschmack mit rauchigem Unterton. Eine Thermoskanne ist der klügere Weg, den Kaffee warm zu halten. Wärmen Sie Kaffee nicht wieder auf! Brühen Sie jede Tasse frisch auf.

6. Benutzen Sie Kaffeepulver nicht zweimal!
Was im Filter zurückbleibt, sind die bitteren Bestandteile des Kaffees.

7. Suchen Sie einen günstigen Aufbewahrungsplatz!
Bewahren Sie Kaffee niemals im Kühlschrank oder in der Tiefkühltruhe auf. Die Kälte verändert die Konsistenz der aromatischen Öle, welche die Bohne umgeben. Dadurch verliert der Kaffee an Geschmack. Kaffee sollte trocken und geschützt vor Sonneneinstrahlung aufbewahrt werden.

WER? WIE? WAS? WIESO? WESHALB? WARUM?

DIE WELT DER BOHNEN UND MASCHINEN

Ich brauchte Kaffee, Maschinen, Pappbecher ... einfach alles, was zum Betrieb eines Coffee Shops nötig ist. Am schwierigsten gestaltete sich die Suche nach den Produkten und deren Lieferanten. In Amerika gab es Coffee-Shop-Messen für diese Zwecke, in Deutschland aber nur sehr allgemeine Gastronomie-Messen, die größte dieser Ausstellungen heißt Internorga und findet einmal im Jahr in Hamburg statt.

Die Aussteller dort konnten damals mit meinem Coffee-Shop-Konzept nichts anfangen. Das lernte ich schnell, als ich enttäuscht – mit nur wenigen Kontakten – von meinem ersten Internorga-Besuch zurückkehrte. Ich hatte einen Stapel frisch gedruckter Visitenkarten mitgenommen und war kaum eine losgeworden. Die Produkte, die ich brauchte – Papp- und Plastikbecher, Papptabletts, Sirups, Milchthermometer etc. –, gab es damals noch nicht. Mit meiner Frage, ob man für mich aus anderen Ländern etwas besorgen könne, wurde ich freundlich abgewimmelt. Ich fühlte mich nicht ernst genommen.

Also musste ich einen anderen Weg suchen, um an diese Utensilien heranzukommen. In Supermärkten, diversen Boutiquen und aus den Coffee Shops in den USA kaufte ich wichtige Produkte und Equipment zusammen, die ich für meinen Laden haben wollte. Dann suchte ich auf dem Etikett oder am Produkt nach einem Hinweis auf den Hersteller, machte diesen per Internet ausfindig und rief dort an, um nach einem Händler in meiner Nähe zu fragen. Ich telefonierte überall in der Welt herum: den USA, Frankreich, Italien, England, Holland oder auch Irland.

Wenn es keinen Händler gab, bestellte ich eben direkt beim Hersteller oder Großhändler. Allerdings hatte das immer den Nachteil, dass sehr große Mengen abgenommen werden mussten. So große Mengen, dass ich eine Prioritäten-Liste brauchte, auf der ganz oben die Pappbecher standen, denn die waren Hauptbestandteil meines Konzepts.

Und weil ich unbedingt wollte, dass die Leute mein Logo auf die Straße trugen, musste ich für den Eigendruck sage und schreibe 600.000 Pappbecher in verschiedenen Größen bestellen. Das bedeutete eine Investition von 32.000 Mark, die es mir aber einfach wert waren.

Die Brücke immer erst überqueren,
wenn sie erreicht wird.

Wo ich die 600 Kartons lagern sollte, darüber machte ich mir erst mal keine Gedanken. Damit wollte ich mich erst beschäftigen, wenn die Ware im Hamburger Hafen ankommen würde.

Glücklicherweise bot sich dann eine Verpackungsfirma an, die Kartons einzulagern. Meine Eltern waren sehr froh darüber, denn ihr Keller blieb verschont.

Die Suche nach einem Kaffee- und Espressoröster, der mir das wichtigste Produkt liefern sollte, war noch aufwändiger. Ich besuchte viele Röstereien rund um Hamburg, in Braunschweig und sogar in Frankfurt.

Die Kaffeefirmen, die mich für Testproben bezahlen ließen, wurden sofort von der Liste gestrichen. Ich hielt das für Abzocke und wollte mich schließlich nicht anbiedern, sondern nur mit einer Rösterei zusammenarbeiten, die mich wie einen ernst zu nehmenden Kunden behandelte.

Die Espressorösterei, die mir am besten gefiel, fand zwar mein Konzept interessant, wollte mich aber zuerst nicht beliefern. Der Grund: Sie konnte bei der Schufa keine Auskunft über die Kreditwürdigkeit meiner Firma erhalten. Nun – wie sollte sie auch? Uns gab es ja noch gar nicht. Noch hatte ich keine Tasse Espresso verkauft und würde es auch in Zukunft nicht tun können, wenn sie mich nicht belieferte. Doch der Außendienstmitarbeiter der Firma hatte ein Einsehen. Er half mir aus der Klemme und verbürgte sich für mich. So kam ich zu meiner ersten Espressolieferung. Das waren zwar nur 60 Kilo – die Mindestbestellmenge –, aber ausreichend für mindestens 9000 Espressi, die ich noch nicht verkauft hatte.

Nachdem ich die Mehrzahl meiner Artikel zusammenhatte, ging es nun darum, das Herzstück meines Geschäfts, die richtige Maschine für die Herstellung meiner Heißgetränke, zu besorgen. Die Welt der Espressomaschinen ist, wie ich schnell zu spüren bekam, ein von Männern beherrschtes Universum. Frauen hatten damals einen schweren Stand und mich haben die Hersteller erst recht nicht ernst genommen. Ich war damals 25 Jahre alt und hatte höchstens zwei Minuten meines Lebens hinter einer Industrie-Espressomaschine gestanden.

Meine Maschine wählte ich nach den Vorschlägen, die ich vom Coffee-Shop-Seminar in Seattle mitgenommen hatte. Ich konnte mich zwar nach so vielen Wochen nicht mehr genau daran erinnern, warum diese oder jene Maschine als gut oder schlecht bezeichnet worden war – in meinen Notizen stand nur »Ja« oder »Nein« hinter den verschiedenen Herstellernamen –, aber mangels anderer Empfehlungen hielt ich mich stur an die Tipps meiner Trainer. In Hamburg konnte ich nur einen der »Ja«-Hersteller ausfindig machen: Selbstsicher betrat ich den Laden und fragte nach einer Espressomaschine der Marke Cimbali.

Mit gespielter Souveränität erklärte ich, was ich für meinen Shop bräuchte, wie sie funktionieren sollte. Dabei verwirrte ich den Händler mit meinen im Seminar aufgeschnappten amerikanischen Begriffen wie »back-flush« und »tamper«. Ich kannte die deutschen Namen für die Teile der Espressomaschine nicht, fand jedoch meine Fachausdrücke ziemlich originell. Aber nicht nur die Sprachverwirrung machte die Verhandlung amüsant und verlieh meiner sonst so schwachen

Position etwas Nachdruck, sondern auch, dass ich neben den technischen Daten Wert auf Form und Farbe des Geräts legte. Damit war der Verkäufer wohl noch nie konfrontiert worden. Er machte einen sichtlich konfusen Eindruck, als ich eine Maschine zu maskulin fand oder bei einer anderen die Farbe nicht zu meinem Laden passte. Hier gingen ihm seine antrainierten Verkaufsargumente aus.

Am Ende bekam ich meine Maschine. Sie war aus Chrom, dunkelgrau und einfach nur schön. Sie wurde wie auch die anderen Gerätschaften nicht auf Rechnung geliefert, ich musste sie bei Anlieferung bar zahlen. Das fand ich zwar beleidigend und unter meiner Würde, weil meine Lieferanten offensichtlich nicht an mich glaubten, aber es nützte nichts: Da musste ich durch! Einige Male war ich auf diese Weise gezwungen, mit mehreren tausend Mark durch die Stadt zu laufen.

Meine Cimbali hat mich nie enttäuscht. Wir haben sie geliebt und gepflegt – wie eine echte Harley-Davidson. Mit diesem Prachtstück stand oder fiel mein Unternehmen, so viel war klar!

Heute fristet sie ihr Gnadenbrot in unseren Schulungsräumen.

Wir brühen unseren Espresso inzwischen auf Maschinen einer anderen Marke, weil der neue Hersteller uns qualitativ gleichwertige Geräte zu einem besseren Preis anbot. Auch mit anderen Lieferanten bin ich damals wie heute keine langfristigen Verbindungen eingegangen. Man weiß immer erst während des Geschäftsbetriebs, ob die Produktpalette gut durchdacht ist. Die Lieferanten binden ihre Kunden gerne. Aber auch wenn es mehr kostet, Unabhängigkeit ist hier absolut wichtig. Es beeinflusst, wie sich ein Lieferant kümmert und wie man miteinander arbeitet und umgeht.

EIN ENGEL AN MEINER SEITE

Für mein Getränkeangebot hatte ich bald alles zusammen: Maschine, Becher und Bohnen waren bestellt und geliefert. Unklar war jetzt noch, was ich meinen Gästen dazu anbieten könnte: Kuchen, Kekse, Sandwiches, Muffins, Brownies und so weiter. Diese Snacks wollte ich eigentlich aus der Hamburger Gastronomie beziehen. Ich studierte das Angebot von Bäckereien und Sandwichläden.

Doch meine Anfrage, ob sie mich mit Sandwiches nach meinen Rezepten und mit amerikanischen Kuchenspezialitäten beliefern könnten, lehnten alle rigoros ab. Auch bei anderen Fachgeschäften hatte ich nicht mehr Glück. Entweder kannten die Bäcker die Sandwiches, Brownies und Cookies gar nicht, oder sie konnten oder wollten sie nicht für mich herstellen. Mancher fand aber auch, dass es für so geringe Mengen, wie ich avisiert hatte, nicht lohne, etwas Neues auszuprobieren.

Meine Schwester kam dann auf die Idee, ein Stellenangebot in einem Hamburger Anzeigenblatt zu schalten, um darüber einen Sandwichproduzenten zu finden. Wir suchten jemanden, der in Eigenregie unsere Snacks herstellen würde. Die Resonanz war groß. Es meldeten sich über 50 Bewerber, doch es war kein Profikoch mit passender Gastronomieküche dabei. Die Anzeige verfehlte ihre Wirkung und ich hielt es für keine gute Idee, dass jemand bei sich zu Hause unsere Produkte zubereiten sollte.

Aber eine Bewerberin, Britta, gefiel mir trotzdem auf Anhieb. Sie war 23 Jahre alt, wirkte aufgeschlossen und war freundlich, hatte lange blonde Engelslöckchen und ein Nasen-Piercing. Sie trat selbstbewusst auf und wirkte alles in allem sehr pragmatisch. Ihr Lebenslauf hingegen war ähnlich bewegt wie meiner. Sie hatte gerade eine längere Auszeit genommen und keine konkreten Vorstellungen von ihrer Zukunft. Das war aber nicht weiter ausschlaggebend. Vielmehr sollte ihr die neue Tätigkeit Spaß machen. Das war es, was ich brauchte. Denn jemand, der Spaß an der Sache hatte – meiner Sache –, war richtig für meinen Laden. Alles in allem schien Britta ein guter Typ zu sein und war voller Tatendrang. Sie kam genau im richtigen Moment, denn mir schien alles gerade etwas über den Kopf zu wachsen. Die Baustelle, die Vorbereitungen für den Wareneinkauf, Behördengänge, Verhandlungen mit Lieferanten – ich konnte nicht überall gleichzeitig sein und alles selber machen. Die Zeit der One-Woman-Show war eindeutig vorbei und ich brauchte dringend jemanden, mit dem ich mir die Arbeit teilen konnte. Also fragte ich sie kurzerhand, ob sie sich auch vorstellen könne, mir dabei zu helfen, einen Coffee Shop zu eröffnen. Ohne groß zu überlegen, nahm sie das Angebot an und wurde meine Assistentin.

Wir schlossen einen kurzen Arbeitsvertrag mit nur dem Nötigsten: Gehalt, Stunden, Probezeit, Urlaub, Kündigungsfrist. Ich hatte dafür einen Mustervertrag von meinem Steuerberater vorliegen. Da Brittas künftiges Arbeitsgebiet von mir noch nicht klar definiert werden konnte, wurde es nicht näher beschrieben. Eine so enge Zusammenarbeit, wie ich sie mir vorstellte, ließ sich auch kaum in Paragraphen fassen.

In Bezug auf die Sandwiches dachte ich mir nach dieser Erfahrung: Wenn all diese Bewerber glaubten, sie könnten im eigenen Heim ein paar Brötchen schmieren, konnte ich das viel besser in meinem Shop. Wenigstens hatte ich das passende Gesundheitszeugnis, um mit Lebensmitteln zu arbeiten. Also lautete die Devise wieder einmal: »Selbst ist die Frau – die paar Sandwiches kann ich auch selber schmieren!«

Schnell wurde mein Lager in eine Sandwichküche umfunktioniert. Ein paar Kühlschränke mehr bestellt, eine Gefriertruhe dazu, ein kleiner Aufbackofen und was man sonst noch so brauchte. Einziger Wermutstropfen der ganzen Angelegenheit : Ich würde morgens noch früher aufstehen müssen. Dabei arbeitete ich ja jetzt schon 16 Stunden und mehr. Wenigstens die Behörden waren dieses Mal milde gestimmt: Aufbacken durfte ich in meinem Laden.

PASTRY-CHEF »MAMA«

Für meine Brownies und Muffins hatte ich mir in New York sicherheitshalber einige Rezeptbücher gekauft. Und nachdem ich niemanden finden konnte, der dieses Gebäck herstellen wollte, sprang meine Mutter als Retterin in der Backnot ein. Zeit ihres Lebens war sie immer für uns Kinder da gewesen und hatte zunächst auf eine eigene berufliche Karriere verzichtet. Doch nachdem wir alle aus der Schule waren, legte sie die Prüfung zur Heilpraktikerin ab und praktizierte die Homöopathie. Nun, mit 60 Jahren, ging sie die Sache auch wieder mit der für sie typischen Offenheit an.

Meine Mutter war eine ausgezeichnete Köchin und leidenschaftliche Hobbybäckerin. Sofort machte sie sich voller Elan daran, die ungewohnten amerikanischen Rezepte auszuprobieren und in verständliches Deutsch zu übersetzen. Wir überlegten gar nicht lange, sondern legten gleich los. Auch die korrekte Umrechnung der amerikanischen »Cup« in deutsche Gewichtseinheiten schien uns viel zu mühsam. Wir entschieden: Die amerikanische Maßeinheit »Cup« ist gleich eine deutsche Tasse – und fertig. Hauptsache, das Verhältnis zwischen Mehl und den Zutaten stimmt. So dachten wir jedenfalls! Im Rückblick war das eine Riesendummheit: Die ersten Brownies waren allesamt eine Katastrophe: entweder steinhart oder so matschig, dass man sie nicht einmal vom Blech herunterbekam. »One Cup« war eben doch nicht einfach eine Kaffeetasse.

Es wurde ein aufregendes, Nerven zehrendes Küchenabenteuer. Ich weiß nicht, wie viele Brownies meine Mutter in den Testwochen gebacken und wir gemeinsam probiert haben! Sie begann schon, an sich und ihren Fähigkeiten zu zweifeln. Doch sie gab nie auf – auch in dieser verzwickten Situation nicht.

Es ist wohl für uns Deutsche genauso schwer, richtige Brownies zu backen, wie für die Amerikaner die Herstellung eines echten Stollens. Allmählich wurde uns auch klar, dass es keineswegs nur am Mengenverhältnis lag, sondern ebenso daran, dass manche Zutaten in Deutschland einfach anders sind als die in den USA erhältlichen Rohstoffe. So gibt es dort verschiedene Mehlsorten, von denen man hier nur wenige bekommt. Dann ist unser Vanille-Extrakt nicht so aromatisch wie der amerikanische. Und auch »baking soda« ist nicht gleichzusetzen mit unserem Natron. Braunen Zucker gab es gar nicht – bloß Rohrzucker und das ist bei Weitem nicht das Gleiche. Inzwischen bekommen wir wenigstens eine Sorte braunen Zucker in Hamburg.

Immer wieder ergaben sich neue Fragen: Wie lange musste der Teig gerührt werden? Geschlagen oder geknetet? Wie viel sind 375 Grad Fahrenheit in Celsius? Umluftofen oder Ober-/Unterhitze? Und haben wir überhaupt den richtigen Backofen für unser Produkt? Jedenfalls hatten meine Mutter und ich bei unserer experimentellen Schlemmerarie viel Spaß. Am Ende hatte sie schließlich den Bogen raus und die Rezepte sogar noch perfektioniert. Ihre Brownies schmeckten schließlich besser als jeder amerikanische Brownie, den ich in meinem Leben gegessen hatte.

Danach waren alle anderen Rezepte »a piece of cake«, wie die Amerikaner sagen – ein Kinderspiel: Bananabread, Applebread, Blueberry Muffins, Chocolate Chip Cookies und so weiter und so weiter. Meine Mutter testete das ganze Programm und wurde letztlich ein echter Profi. Ich weiß nicht, was ich ohne sie gemacht hätte. Heute noch bewähren sich ihre Rezepte und die Brownies à la Mama sind unser Bestseller geworden.

Durch ihren ungebrochenen Eifer und ihre Beharrlichkeit, die schließlich zum Erfolg führten, war und ist sie bis heute mein großes Vorbild.

DIE KELLERARIE

Ähnlich wie meiner Mutter mit den amerikanischen Brownies ging es Britta mit meinem Coffee-Shop-Konzept. Sie konnte damit zunächst nicht wirklich viel anfangen. Unser erstes Treffen muss ihr dann in der Tat auch recht merkwürdig vorgekommen sein, denn ich verabredete mich mit ihr im Keller meiner Eltern. Ich hatte mir von meinem Espressomaschinenlieferanten eine Probemaschine liefern lassen, um mit Britta Espressozubereitung zu üben. Die Maschine war ungeheuer schwer und ich hatte sie mit viel Mühe im Keller meiner Eltern zwischen Waschmaschine und Gartenschaufel aufgebaut. Vorab sahen wir uns passend zum Thema einige englische Videos an, die ich so gut ich konnte übersetzte, und dann machten wir uns an die Praxis. Wir hatten viel Spaß, aber leider hatten uns die Videos noch nicht in Profis verwandelt. Ein Espresso schmeckte schrecklicher als der andere. Nach Hunderten von Espressi hatte sich noch immer keine Qualität eingestellt. Da halfen keine Bestimmtheit, kein Ärger, kein Gut-Zureden, gerichtet an die Maschine, keine Gebete – die Situation blieb hoffnungslos. Die Espressi waren entweder zu bitter oder hatten keinen Schaum, die begehrte Crema war zu labberig, das Wasser tröpfelte oder schoss heraus wie ein Geysir.

Wir waren kurz davor zu kapitulieren. Das waren ja wunderbare Aussichten für meinen Shop! Am Ende hatten wir beide schwarze Zungen und waren vom vielen Koffein kurz vor dem Infarkt. Spät am Abend verabschiedeten wir uns mit vorgetäuschter Zuversicht: Das nächste Mal würde es bestimmt besser klappen. Aber ich konnte diese Nacht nicht schlafen und wusste nicht, ob die Ursache der Koffeinpegel in meinem Blut war oder die Sorge um meine Zukunft. Was sollte ich den Kunden bloß anbieten, wenn meine Espressi derart fürchterlich schmeckten!?

Aber Britta enttäuschte mich nicht. Sie erwies sich als eine flexible und äußerst offene Person. Denn erstaunlicherweise ließ sie sich von diesem chaotischen Kellereinsatz nicht abschrecken: Sie kam zum nächsten Termin wieder. Das musste wohl bedeuten, dass sie in ihrem neuen Job eine Zukunft sah. Das freute und bestätigte mich wirklich sehr. Der Countdown lief unterdessen weiter: Es waren nur noch sechs Wochen bis zur Eröffnung.

Ich übte täglich, so oft ich konnte, weiter an meinen Espressi. Ich hatte mir die Maschine für knapp zehn Tage gemietet und musste spätestens am Ende dieser Zeit mein Können definitiv unter Beweis stellen. Das nächste Mal, dass ich an einer Espressomaschine stehen würde, war im Betrieb meines Ladens und da konnte ich mir einfach keine Blamage mehr leisten.

Ich kämpfte mit dem Espressopulver. Es ist sehr empfindlich und schon geringste Temperaturschwankungen im Raum oder Hamburger Nieselwetter können die Beschaffenheit des Pulvers so verwandeln, dass der Geschmack sich total verändert. Da ist Fingerspitzengefühl gefragt. Die ersten Versuche waren alle entweder zu bitter oder zu flach. Richtig zubereiteter Espresso ist niemals bitter und braucht eigentlich auch keinen Zucker. Mein Vorsatz war natürlich: Bei Balzac darf kein Espresso bitter schmecken. Nie!

Zum Glück wurde ich jeden Tag ein Stück vertrauter mit meinem Produkt und konnte die laufenden Espressi immer besser einschätzen. Ich verschwendete alleine mehrere Kilo Espresso, nur um festzustellen, wie sich das Pulver unterschiedlich verhielt, wenn ich den Mahlgrad oder die Menge änderte. »Espresso muss wie Sirup laufen und wie Honig aussehen«, lautete die Devise. Gleichzeitig beobachtete ich, wie sich die Crema auf den verschiedenen Espressi verhielt, und wenn sie einen einheitlichen Karamellton hatte, ohne helle Flecken oder dunkelbraune Stellen, machte ich den ultimativen Zuckertest. Wenn der Zucker einige Sekunden auf der Crema liegen blieb, hatte sie die richtige Konsistenz und Dichte. Jeden Espresso, der richtig durchgelaufen war, die richtige Farbe hatte und den Zuckertest bestand, probierte ich. So trainierte ich meine Zunge.

Auch das Aufschäumen der Milch ist eine Kunst für sich: Der Schaum muss eine sahnige Konsistenz haben, damit er gelöffelt werden kann. Er schmeckt aber auch nur, wenn die Milch nicht zu stark erhitzt oder gar gekocht wurde, denn dann verbrennt der Milchzucker und die Milch verliert die feine Süße. Auch heftige Bewegungen des Gefäßes am Dampfhahn, die man in vielen Bars beobachten kann, bringen nicht das gewünschte sahnige Ergebnis. Es bilden sich dabei nur große Blasen, die nach überhaupt nichts schmecken und außerdem schnell zerplatzen. Man muss den Behälter sehr ruhig halten, damit die Milch auch richtig zirkulieren kann. Geduld ist gefragt.

Bis ich die angestrebte Perfektion erreicht hatte, gab es nur eines: Üben, üben, üben. Und irgendwann stand er vor mir: Aromatisch, nussig, karamellig und mit einer wunderbaren Crema! Ich verstand auf einmal den ganzen »Wind« darum, denn er war mehr als ein echter Genuss. Sogar ohne Zucker –

pur – unglaublich köstlich. Und ich hatte ihn zubereitet! Nicht mit Glück, sondern mit Können! Das war ein magischer Moment in der ganzen Entwicklung, denn meiner Idee, den ersten Coffee Shop in Deutschland zu eröffnen, schien nichts mehr im Weg zu stehen.

Mir schmeckten meine Espressi irgendwann hervorragend und das Milchschäumen war bald ein Kinderspiel. Stolz holte ich meine ganze Familie in den Keller und machte einem nach dem anderen sein Lieblingsgetränk. Meine Mutter war vollkommen sprachlos, wie fantastisch ihr Cappuccino schmeckte. Sie hatte das gleiche Aha-Erlebnis wie ich damals in New York. Ich fand, das war ein gutes Zeichen.

© Balzac Coffee

SO WIRD MAN ZUM ESPRESSO-ZEN-MEISTER

1

Starte mit einer guten Kaffeemühle! Einer *sehr guten Mühle*. Jeder Teil der Maschine muss nach jedem Mahlen sehr sorgfältig gereinigt werden.

2

»Fühlt sich an wie Puderzucker!«

Benutze eine Espressomaschine mit einem separaten *Dampfkessel*, mit integriertem *Wassererhitzer* und einem *konstanten* Druck von 9 bar.

3 Die magische Formel ist:

6,5g

für einen Shot Espresso!

4

Presse (tampe) den Kaffee mit einem Druck von 12-15 kg.

TIPP! Eine gute Übung ermöglicht die Personenwaage im Badezimmer! Drücke auf die Waage, bis sie 12-15 kg anzeigt. So bekommst du ein Gefühl für den richtigen Druck.

5

Benutze frisch geröstete BALZAC COFFEE-Espressobohnen! Je frischer die Bohne, desto mehr Aroma hat der Kaffee.

6

Mahle nur so viele Bohnen, wie du für deinen Shot brauchst. Das, was überbleibt, *weg-schmeißen*.

Espressozubereitung hat nichts mit Quantität, sondern nur mit *Qualität* zu tun.

7

Lasse das Wasser exakt 25 Sekunden (benutze eine Stoppuhr) durch den Siebträger laufen bei einer Temperatur von 89–92°C (ein Thermometer hilft).

TIPP! Zu lange Durchlaufzeit setzt Bitterstoffe frei und zerstört die wertvollen Aromen.

8 **Bewerte deinen Espresso!**

Hellbeige = saurer Espresso

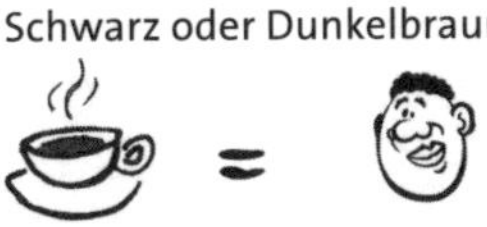

Schwarz oder Dunkelbraun = bitterer Espresso

Karamellfarben = Espresso Nirvana

FINAL COUNTDOWN

DER KATER ALS PERSONALCHEF

Ich hatte mit Britta nun meine erste Mitarbeiterin und damit gleich eine Assistentin, doch für einen Coffee Shop brauchte ich außerdem Servicekräfte, die einen guten Espresso brühen konnten. An einen echten italienischen Barista habe ich dabei nie gedacht, denn ich war überzeugt, dass ich inzwischen mindestens genauso gut Espresso brühen konnte. Balzac sollte meinen Vorstellungen eines Coffee Shops entsprechen und nicht irgendeiner italienischen Kopie nacheifern.

Da ich zuvor noch nie Arbeitgeberin gewesen war, hatte ich überhaupt keine Vorstellung davon, was das bedeutete und mit welchen menschlichen und organisatorischen Problemen ich als »Boss« konfrontiert werden würde. Es gab viele Fragen, auf die ich zunächst keine Antwort wusste:

- Was erwarten Mitarbeiter von ihrer Arbeitsstelle?
- Welche Motivationen haben sie, zur Arbeit zu kommen?
- Welche Art von Mitarbeiter musste ich suchen?
- Wie viele Stunden konnte ich mir die Arbeitskraft leisten?
- Wie viel Prozent vom Umsatz durfte ich für Personalkosten ausgeben?

- Vollzeit- oder Teilzeitkraft, geringfügig beschäftigt – was war der Unterschied?
- Welche arbeitsrechtlichen Bestimmungen mussten beachtet werden?

Und wo findet man überhaupt Mitarbeiter, wenn man noch nie jemanden eingestellt hat? Das Problem mit der Personalsuche war: Ohne existierenden Coffee Shop und einen laufenden Betrieb wurden potenzielle Kandidaten nicht auf mich aufmerksam und ich konnte nicht darauf zählen, dass sich professionelle Servicekräfte von sich aus melden würden. Mit dem Anzeigenblatt hatte ich meine Erfahrungen gemacht, damals meldeten sich viel zu viele Bewerber, die von vornherein nicht in Frage kamen. Nun wollte ich, dass mir jemand bei der Wahl half und in Frage kommende Kandidaten vorher auswählte. Ich dachte an eine Personalagentur und dieses Mal kam der entscheidende Tipp von meinem Vater. Überhaupt war mein Vater auch später in Personalfragen immer mein wichtigster Ratgeber. Er war Zeit seines Lebens Manager gewesen, zwar schon seit über zwölf Jahren pensioniert, aber noch immer konnte er mir die entscheidenden Tipps zur Personalführung geben. Für ihn war es beispielsweise sehr wichtig, dass ich mir meiner Verantwortung als Manager deutlich bewusst bin. »Mitarbeiter sind immer nur so gut, wie sie geführt werden!«, war eine seiner obersten Regeln, die ich noch heute beherzige.

Ich erzählte ihm also von meiner Not mit den Servicekräften und glücklicherweise hatte er die Anzeige einer Nebenjobzentrale gelesen. Ich rief dort an und obwohl die Agentur in erster Linie Aushilfen an Büros vermittelte, schickte man mir eine Reihe junger Leute mit höchst unterschiedlichen Lebensläufen. Die meisten waren zuvor arbeitslos gewesen oder sehr jung und hatten noch keine Berufsentscheidung getroffen. Sie kamen aus allen möglichen Bereichen: Büroangestellte, Floristen, Künstler, Schauspieler, Tänzer und natürlich viele Studenten, die ihr Studium finanzieren wollten.

Nun hatte ich noch kein eigenes Büro, wo ich die Interviews durchführen konnte. Mein ehemaliges Kinderzimmer musste dafür reichen. Ich wusste nicht, worauf ich bei Bewerbungsgesprächen achten sollte. In der Nacht vor dem ersten Gespräch hatte ich mir zwar ein paar Kriterien ausgedacht, aber im Grunde musste ich es auf mich zukommen lassen.

Vorkenntnisse verlangte ich keine, denn ich wollte meinen Leuten alles selbst beibringen, und was ich vorhatte, war sowieso allen neu. Es ging mir also vor allem darum, Persönlichkeiten zu finden, die ins Team passen würden. Sie mussten deshalb:

- einfach nur nett sein,
- Spaß an der Arbeit haben,
- gerne Kaffee trinken.

Auf Lücken in den Lebensläufen achten, wie es mir mein Vater empfahl, konnte ich nicht, denn die meisten hatten gar keinen dabei.

Die Interviews waren kurz: Die Bewerber sollten etwas von sich erzählen und ich fragte nach ihren Hobbys und Vorlieben, bevor ich ihnen mein Konzept und die zu erwartenden Aufgaben erklärte. Dann folgten die üblichen Fragen: warum sie Arbeit suchten, was sie verdienen wollten und ob sie sich den Job vorstellen könnten.

Ich verließ mich bei den Antworten in erster Linie auf mein Gefühl und – weil es mir half – auch ein bisschen darauf, ob sich mein Kater mit den Bewerbern anfreundete.

Dabei machte ich mir Notizen über jedes Gespräch, damit ich mich später an die einzelnen Kandidaten erinnern konnte, etwa so:

- Martin M.
- studiert Kunst
- Alter: 28
- wirkt nicht service-orientiert
- eher verschlossen und unflexibel
- Fazit: eher nicht einstellen

Oder:

- Julia K.
- wirkt sehr nett und interessiert

- wirkt ehrlich und optimistisch
- Alter: 31, eine Tochter
- Abstammung: Deutsch-Peru
- Fazit: unbedingt einstellen

Julia wünschte mir bei der Verabschiedung viel Glück, auch für den Fall, dass ich sie nicht einstellen würde ... das überzeugte mich. Sie arbeitet übrigens heute noch bei Balzac (und mein Kater mochte sie damals auf Anhieb).

Ungefähr vier Wochen lang führte ich abends Interviews mit circa 35 Bewerbern. 20 Ausgewählte lud ich eine Woche vor der Eröffnung in meinen halb fertigen Laden ein, um sie vor Ort in Aktion zu sehen. Ich hatte Lampenfieber vor diesem Abend, denn alle würden auf mich sehen und ich musste mich beweisen. Und als ich plötzlich vor so vielen Menschen stand, vergaß ich, was ich sagen wollte. Ich vermasselte den Einstieg in meine Rede, wurde rot und ließ die Hälfte weg. Doch Britta sprang spontan in die Bresche. Sie ergänzte meine Ansprache und teilte die Leute souverän in zwei Gruppen auf. Britta zeigte ihnen die Räumlichkeiten und ich erklärte die Maschinen. Ich führte die Kasse, die Produkte und die Espressomaschine vor.

Britta bewies an diesem ersten Abend ihr natürliches Talent, die Dinge in die Hand zu nehmen, ohne dass ich sie dazu auffordern musste, und ich sah mich darin bestätigt, in ihr die absolut richtige Wahl getroffen zu haben.

Die meisten Bewerber waren erst mal nur an einem Job interessiert. Aber spätestens als ich ihnen einen der besten Milchkaffees präsentierte, den sie je getrunken hatten, war ihnen auch klar, worum es bei Balzac Coffee ging. Am Ende des Abends hatte ich mich für acht Bewerber entschieden, die zusammen mit Britta und mir – und natürlich meiner Mutter zu Hause in der Backstube – das Starterteam bildeten. Die Absagen waren schnell begründet: wer zu spät gekommen war, Kaffee selbst nicht mochte, mein Konzept in Frage stellte oder unser Qualitätsdenken nicht teilte, konnte nicht dabei sein.

Nach meinen Mitarbeitern musste ich nun nur noch meine Kunden von meinem Produkt überzeugen. Aber Letzteres ging nur, wenn auch die Leute hinter dem Tresen die besten Getränke der Welt zubereiten konnten. Das hieß üben.

Ich war inzwischen ein echter Espressojunkie geworden und entsprechend selbstbewusst erläuterte ich meinen Mitarbeitern den Gebrauch der Espressomaschine. Ich konnte mich fast schon nicht mehr daran erinnern, dass ich noch vor wenigen Wochen selbst ein blutiger Anfänger gewesen war. Gemeinsam verbrachten wir die letzten Tage vor der Eröffnung jeden Abend, wenn die Bauarbeiter den Laden freigegeben hatten, im Shop und ich wies sie in die Kunst des Espressobrühens ein.

Die ersten Schritte meiner Mitarbeiter an der Espressomaschine waren zaghaft – wie meine zu Anfang. Sie waren voller Ehrfurcht und Respekt vor der großen und heißen

Maschine. Zuerst übten wir das Milchschäumen und es entfachte sich eine heiße Diskussion darüber, welche Milch am besten geeignet sei. Aber nachdem wir die verschiedensten Milchsorten getestet hatten, war klar: Es geht nichts über frische Milch, und wenn man es richtig macht, ist es auch egal, wie viel Fettanteil sie beinhaltet. Bald schon verloren alle die Scheu vor dem heißen Dampf und die Milch zirkulierte, wie sie sollte – im Uhrzeigersinn. Wir übten sogar, wie man bewusst viel oder wenig Schaum produzieren konnte, und versuchten uns gegenseitig in der Qualität zu übertreffen.

Beim Espresso ging es dann ebenso spaßig zu. Zunächst mussten alle verstehen, wie empfindlich das Pulver ist und wie es sich bei unterschiedlichen Bedingungen verhält. Ich erklärte ihnen die Theorie der Bitterstoffe und warum die Crema so entscheidend ist. Bald schon fühlten sich alle herausgefordert, die beste und dichteste Crema zu produzieren. Nach und nach machten alle Fortschritte und wir begannen, die verschiedensten Espressi zu testen. Wir probierten alles: Von bitter pur bis aromatisch perfekt. So verstanden alle schnell, dass Espresso nicht gleich Espresso war, und es machte Spaß, auch ihre Aha-Erlebnisse zu beobachten. Ich wurde zuversichtlich, dass auch meine Kunden diesen Effekt erfahren würden. Stunden über Stunden übten wir gemeinsam Espressobrühen und das Milchschäumen und bald schmeckten unsere Caffè Latte so, wie sie sein sollten. Wir waren mehr als nur konkurrenzfähig: Wir waren die Besten!

Außerdem entwickelten wir in unseren Probieraktionen eine ganze Reihe von neuen Getränkevarianten. Wir testeten zum Beispiel gemeinsam, ob unser Caffè Moca besser mit künstlichem Schokosirup oder mit echtem Kakao schmeckte. Natürlich entschieden wir uns für den Kakao. Alle unsere Eisgetränke und Shakes entstanden in diesen Teststunden. Julia zum Beispiel gab den entscheidenden Tipp für unseren heutigen Laccino, ein Shake-Klassiker, abgeleitet aus einem Dessertrezept, das sie oft für ihre Tochter gebacken hatte. So kreierten wir alle Getränke, die bald auf unserer Menütafel stehen sollten. Es ging zu wie in einer Backstube. Wir waren von oben bis unten mit Espressopulver, Kakao, Milch und anderen Zutaten bekleckert. Es machte großen Spaß.

WERBUNG IN EIGENER SACHE

Nun machte ich mich endlich daran, mir über die Werbemaßnahmen in meinem Shop Gedanken zu machen. Ich hatte in puncto Marketing überhaupt keine Ahnung und ging komplett offen an die Sache heran. Die Grafikstudentin, die das Logo für mich entworfen hatte, war inzwischen berufstätig. Sie hatte deshalb keine Zeit, weiter für Balzac Coffee zu arbeiten. Ein ehemaliger Mitstudent von ihr, der noch auf Jobsuche war, entwickelte daraufhin die ersten Entwürfe für Menütafeln, Broschüren und Kaffeetüten. In seiner Farbgestaltung hielt er sich eng an den Logoentwurf und das passte natürlich. Er wies mich darauf hin, dass es gegen alle Regeln sei, mehr als zwei verschiedene Schrifttypen auf einer Tafel zu benutzen, doch ich hatte das auf meinen Rundgängen in Amerika anders gesehen und fand es gut. Deshalb dachte ich, vielleicht ist es an der Zeit, uns nun auch von so einem Zwang zu befreien. Also stieß ich mich nicht weiter daran – und ich benutze bis heute regelmäßig und gerne drei Schrifttypen in einem Posterentwurf.

Regeln auch mal in Frage stellen!

Die Werbemaßnahmen in meinem ersten Laden blieben überschaubar. Ich brauchte nur Menütafeln für die Wand, Getränkekarten zum Mitnehmen, eine Meinungskarte, in der die Kunden Anregungen abgeben können, und große Poster für unsere Neuentwicklung »Laccino«. Ich dachte mir, Kaffee, Milchkaffee und Cappuccino kennen die Kunden, doch unter einem Espresso Shake oder Eis Caffè Moca können sich die wenigsten etwas vorstellen, also brauche ich große Bilder, welche die Produkte anschaulich darstellen. Irgendjemand kannte einen entsprechenden Foodfotografen und der einen Foodstylisten. Gemeinsam verbrachten wir einen Tag in seinem Studio und schossen sämtliche Fotos meiner neuen Getränke. Dabei lernte ich so viel, dass ich seit diesem Tag für meine Getränke mein eigener Foodstylist bin.

Nachdem ich alles zusammenhatte, Menütafeln, Poster, Bilder etc., machte ich mir Gedanken darüber, wie ich die Leute auf der Straße auf uns aufmerksam machen konnte. Um diese Sorge zu teilen, engagierte ich einen Grafiker und einen Texter einer großen Werbeagentur aus Hamburg. Ich dachte, Werbeprofis wüssten schließlich, wie man ein Produkt einführt. Doch was für ein Fehlgriff ... Erst bemängelten sie mein Logo und fanden eine Kaffeetasse wirkungsvoller, und dann machten sie mir den absurdesten Werbevorschlag, den ich je gehört hatte: Sie wollten in den Colonnaden, bekleidet mit einem schwarzen Umhang, kleine Briefchen mit Kaffeepulver verteilen und die Leute dabei fragen, ob sie etwas »Dope« möchten!? Sie waren der Meinung, Kaffee wäre gleichzusetzen mit Aufputschmittel. Als ich daraufhin erschrocken entgegnete, dass dann womöglich noch die Polizei käme, meinten sie, das wäre ja gerade der Sinn der Sache ... Na ja, über Geschmack lässt sich wohl doch streiten, aber zum Glück konnte ich entscheiden, mit welcher Aussage ich beim Kunden ankommen wollte, und das war keinesfalls nur die belebende Kaffeewirkung oder sogar ein Skandal. Ich wollte nur über meine Qualität verstanden werden und meine tollen Produkte in den Vordergrund stellen. Es war abzusehen, dass ich die beiden nach diesem Vorschlag nicht weiter engagierte. Also plante ich lediglich Gutscheine unter dem Motto: »Einladung zum Kaffeeklatsch«.

Der Grafikstudent zog bald darauf nach Berlin und verwies mich wieder an eine Mitstudentin, Isabel. Zu meinem Glück ergriff sie nicht auch gleich wieder eine Festanstellung, sondern wagte wie ich den Schritt in die Selbstständigkeit. Bis zum heutigen Tage arbeiten wir eng zusammen und bilden – wenn man so will – die Marketingabteilung von Balzac Coffee. Verschreckt durch die vorangegangenen Erfahrungen mit der Werbeagentur, gab es für mich dann auch nie wieder wirklich eine Alternative. Ich habe über die Jahre gelernt, mir diesbezüglich selbst zu helfen.

BALZAC COFFEE OPENING SOON!

Mein neues Büro, das über dem Laden im Zwischengeschoss lag, konnte ich im April in Besitz nehmen. Darauf hatte ich schon lange sehnsüchtig gewartet. Mein Kinderzimmer war längst zu klein und meinen Vater wollte ich endlich von seinem unfreiwillig übernommenen Job als Telefonist und Anrufbeantworter befreien. Als ich nun umsiedelte, richtete ich mich erst mal auf einer Baustelle ein: es gab weder Heizung noch Licht oder Möbel. Aber ich konnte immerhin das Telefon installieren. Britta und ich verbrachten einige Stunden auf dem eiskalten Fußboden, bis die Anlage endlich funktionierte. Stolz, auch diese Hürde ohne die teure Hilfe eines Technikers genommen zu haben, riefen wir uns gegenseitig mehrfach an, um zu prüfen, ob Telefon, Anrufbeantworter und Fax funktionierten.

Die Einrichtung meines Büros sollte einfach und zweckmäßig sein. Um Geld zu sparen, versuchte ich, so viel wie möglich von zu Hause mitzunehmen: Papierkorb, Lampe, Taschenrechner, zwei Klappstühle, einen kleinen Tisch für den Drucker. Den Schreibtisch und das Regal kaufte ich bei Ikea. Ich entschied mich für eine große Platte, die auf zwei Böcke gelegt wurde. Das war praktisch und wirkte nicht so spießig.

Mein Büro war fertig. Und als auch Licht und Heizung funktionierten, war ich richtig stolz. Ich hatte endlich meinen offiziellen Arbeitsplatz. Jetzt musste nur noch das Zwischengeschoss renoviert werden. Britta und ich besorgten weiße Farbe und Pinsel. Dann verpassten wir den ergrauten Wänden einen neuen Anstrich. Im Baumarkt holten wir Regale für unser Lager, kurz darauf wurden die ersten Waren – vor allem Espresso und Kaffeebecher – angeliefert.

Es wurde auch allmählich Zeit: In nur drei Tagen sollte es losgehen. Und es war noch so viel zu besorgen. Uns fehlten noch Orangen, Basilikum, Salate, Milch, Olivenöl und so weiter und so weiter ... Fast alle Lebensmittel mussten wir selbst heranschaffen. Denn die Mengen, die ich für den Anfang kalkuliert hatte, waren so gering, dass uns niemand beliefern wollte. So mussten wir zur Metro und auf den Großmarkt fahren. Vor allem der Kauf der Orangen für unseren frisch gepressten Saft wurde zu einer gewissen Herausforderung.

Frühmorgens um vier Uhr machten wir uns auf den Weg zum Hamburger Obst- und Gemüsegroßmarkt. Der Hersteller der Saftpresse hatte eine Ringschablone mitgeliefert, damit man beim Orangeneinkauf die richtige Größe finden konnte. Für die Obsthändler, allesamt männlich!, bot das Orangenmaß Anlass für derbe Scherze. Sie stellten sich grölend vor, was sonst noch alles durch diese Ringschablone passen könnte. Es war nur peinlich und wir ärgerten uns, dass wir nicht schlagfertig genug waren, um die anzüglichen Plattheiten parieren zu können. Die Orangen kauften wir schließlich von dem Händler, der keine Witze über uns riss. Die Ringschablone verschwand für alle Zeit im Handschuhfach des Autos.

Den Tag vor der Eröffnung verbrachten wir zu fünft im Laden. Wir schrubbten den Fußboden, polierten Schränke und Ablagen, sortierten die Waren in die Regale, hängten die – auf Poster gedruckten – Menütafeln auf. Da fiel mir plötzlich auf, dass ich doch noch etwas Wichtiges vergessen hatte: die Outfits. Also flitzte ich noch schnell zu H&M und kaufte beigefarbene Leinenblusen und Hemden. Schürzen hatte ich von meinem Onkel bekommen, der eine Industriewäscherei leitete. Wir sahen chic aus in unseren Outfits!

Abends um 22.00 Uhr war alles fertig. Ich hatte es geschafft, ich war auf der Zielgeraden. Meine Vision, die ich vor ziemlich genau einem Jahr in New York entwickelt hatte, war Realität geworden.

Am nächsten Morgen stand die ganze Mannschaft wieder im Laden. Es war der 2. Mai 1998 und ein wunderschöner Tag.

Schon früh strahlte die Sonne durch die großen Fenster und flutete den ganzen Raum mit einem magisch warmen Licht. Einladender hätten wir nicht wirken können, ich nahm das als gutes Omen. Bevor ich die Tür aufschloss und mich der ultimativen Kundenprobe stellte, musste ich einen Moment innehalten und mir der Situation erst richtig bewusst werden. Ich sah mich um und ließ das vergangene Jahr in Gedanken Revue passieren. Wie verwandelt die Fläche aussah ...! Als ich sie das erste Mal betrat, war sie durch und durch verbaut und total veraltet gewesen, von dem etwas miefigen Geruch damals ganz zu schweigen. Jetzt roch alles neu und der Duft von frisch gebrühtem Kaffee lag in der Luft. Ich fand meinen Laden atemberaubend schön. Die Fläche war in neuem Glanz erstrahlt: Die beigefarbenen Wände und der braune Tresen mit der olivgrünen Oberfläche und den darüberhängenden braunen Menütafeln schufen eine gemütliche Atmosphäre. Ich hatte das Gefühl, jede Faser im Raum wäre eng mit mir verbunden, und wir hatten unsere ganz persönliche Geschichte: die Wände, deren Farben ich am vorletzten Tag noch einmal hatte umstreichen lassen; der Tresen, der mich wegen seiner Materialien und Aufteilung so viel Kopfzerbrechen gekostet hatte; der Fußboden, den ich gar nicht abwarten konnte zu betreten, als er verlegt wurde, und um dessen tiefes Schwarz ich während der Bauarbeiten wegen des Drecks so besorgt war (sogar die Fugenbreite zwischen den Fliesen hatte ich vorgegeben und vermessen!); die Espressomaschine, die ich zu meinem

Heiligtum erklärt hatte; die Kaffeepackungen, die ich erst nach langer Suche gefunden hatte und die letzte Nacht von den Tischlern netterweise gleich nach Anbau in die Regale eingeräumt worden waren. Der Gedanke an die hilfsbereiten Tischler brachte mich auf all die Menschen, die mir im Vorfeld geholfen hatten, und all das Glück, das mir widerfahren war. Fast jeder, mit dem ich im vergangenen Jahr in Kontakt kam, hatte mir auf besondere Weise geholfen und – wie ich fand – mehr als nur einen Job getan. Was hätte ich ohne all diese Menschen getan? Wo wäre ich gelandet? – Meine Architektinnen, deren kämpferischer Natur ich die Realisierung meines Shops zu verdanken hatte, mein Unternehmensberater, der mit den präzise und toll formulierten Ausführungen meiner Idee die Bank überzeugte, meine Lieferanten, ohne deren Unterstützung ich heute keine Ware hätte, alle Handwerker, die ihr Bestes taten, meine Vorstellungen umzusetzen, und die keine Mühe scheuten, kurzfristige Änderungen auf sich zu nehmen, dafür sogar manchmal Nächte durchgearbeitet hatten. Meine Mitarbeiter, die mich tatkräftig mit originellen Rezeptideen unterstützten, dabei natürlich allen voran Britta, die an mich und meine Idee von Anfang an geglaubt hatte. Nicht zu vergessen all die Menschen, die nur einen kurzen Auftritt hatten und doch Großes bewirkten: der Bekannte meiner Schwester, der mich zu der Grafik-Schule schleppte, wo ich dann das Logo finden sollte, der Anwalt, der mir einen günstigen Vertrag für den Logokauf aufsetzte, mein Steuerberater, der mir freundlicherweise eine kostenfreie Kassenbuchschulung gegeben hatte, und nicht zuletzt meine gesamte Familie und mein Freund ... was hätte ich ohne ihre moralische und tatkräftige Unterstützung getan?

Vergessen war auch der ganze Ärger mit den Behörden und Verbänden. Letztlich waren sie nicht wichtig genug, um mir diesen Moment zu schwärzen. Ich war sogar so überwältigt von dem Gefühl, tatsächlich mitten in *meinem* Coffee Shop zu stehen, dass ich den Beamten fast dankbar war, dass sie mir die Umsetzung meines Ladens schließlich doch ermöglicht hatten. Diesen Moment musste ich mit meinen Mitarbeitern gebührend würdigen. Ich hatte zur Einweihung Prosecco mitgebracht und wir ließen die Korken knallen. Wir stießen auf Balzac Coffee an und auf das, was der kleine Shop vielleicht einmal werden konnte. Es war ein feierlicher Moment, wie bei einer Hochzeit!

Noch wusste ich allerdings nicht, ob auch meine Kunden Gefallen an meinem Konzept finden würden. Ich war furchtbar aufgeregt und so gespannt auf die ersten Kundenreaktionen. Das Warten auf den »Startschuss« war eine fast unerträgliche Zerreißprobe. Erst die Kunden würden darüber entscheiden, ob ich mit meiner Coffee-Shop-Idee ins Schwarze getroffen hatte und meine Rechnung aufging.

Fieberhaft wurden die letzten Handgriffe erledigt. Sandwiches schmieren, Croissants aufbacken, Brownies, Applebread, Bananabread und Muffins in die Vitrine legen, Orangenmaschine bestücken, Zucker und Milch bereitstellen, Kaffee brühen, Espressomaschine überprüfen, den Mahlgrad des Pulvers kontrollieren, die Crema, das Aroma schmecken.

Wir legten den Soundtrack von »Frühstück bei Tiffany« in den CD-Player und waren ganz im Sinne von Holly Golightly offen für alles, was kommen sollte. Um 10:30 Uhr drehte ich den Schlüssel im Schloss der gläsernen Eingangstür um. Balzac Coffee war eröffnet.

Die Kunden konnten kommen!

RUNNING THE SHOW

Ich wusste nicht, was ich zu erwarten hatte, wenn ich die Türen öffnete ... Würden mir die Kunden die Bude einrennen oder würde keiner kommen?

Die Tür stand offen, doch es traute sich zunächst niemand herein – eine ganze Weile, die mir wie eine Ewigkeit vorkam.

Nach fast 15 Minuten steckte eine – wie ich dachte – erste Kundin den Kopf in die Tür. Doch zu meiner großen Enttäuschung war sie nicht überwältigt von unserem Auftreten, sie kam von außerhalb und suchte statt Balzac lediglich die ehemalige Drogerie. Im Herzen war ich tief gekränkt, doch ich verzieh ihr schnell und lud sie auf einen Kaffee ein. Ich wollte ihr beweisen, dass wir mindestens ebenso einen Besuch in der Stadt wert waren wie die Drogerie. Ich dachte mir, wenn ich meiner ersten Kundin zur Feier des Tages den Kaffee schenke, bringt das vielleicht Glück. Sie nahm an und war peinlich berührt, als sie hörte, dass sie unsere erste Kundin war. Gleich darauf kam unser zweiter Kunde, ein Mann in den Fünfzigern. Er betrat aus genau den Gründen meinen Shop, die ich mir wünschte. Durch den Umbau auf uns aufmerksam geworden, hatte er die Eröffnung mit Ungeduld erwartet. Er war ein echter Espressoliebhaber. Sofort stellte er unsere Fähigkeiten und unser Wissen auf die Probe und trank seinen Espresso wie ein echter Kenner. Wir waren aufgeregt, aber wir bestanden! Sein Urteil fiel lobend aus und er besuchte uns von da ab oft – bis heute. Diese ersten 2,50 Mark, die er uns mit Trinkgeld daließ, hielt ich zunächst bedeutungsschwanger in den Händen. Ich konnte es nicht fassen, dass ich meinen ersten Umsatz getätigt hatte! Doch dann machte ich mich schnell wieder davon frei, ich wollte mich vom Geld nicht beeinflussen lassen. Deshalb habe ich diese 2,50 Mark auch nicht irgendwie als Glücksbringer oder Ähnliches aufgehoben. Wenn ich meine Sache gut machte, würde das Geld schon automatisch kommen, da war ich mir sicher – und ich behielt recht.

Und dann lief der Betrieb. Zwar blieb der Kundenansturm überschaubar, doch die Premiere forderte alles von uns. Wie das an so einem ersten Tag eben ist ... es herrschte Chaos hinter den Kulissen. Überall fehlten Gerätschaften und Küchenutensilien. Einige Lebensmittel waren viel schneller aufgebraucht, als ich kalkuliert hatte. Britta war pausenlos unterwegs, um wichtige Dinge wie Ofenhandschuhe, Zitronenpresse, Messer oder diverse Zutaten zu besorgen.

An diesem Tag betraten etwa 150 Kunden meinen Laden. Fünf Mädels standen hinter dem Tresen und damit befanden sich zu jeder Zeit mehr Mitarbeiter als Kunden im Laden. Doch das machte mir gar nichts. Wir versuchten, jedem Gast ein besonderes Erlebnis zu verschaffen und mit unseren Produkten zu überzeugen. Nur so konnte und musste, davon war ich fest überzeugt, es sich herumsprechen, dass es bei Balzac den besten Kaffee Hamburgs gab. Jeder verkaufte Kaffee oder Espresso an diesem ersten Tag machte mich glücklich. Ich konnte es kaum fassen, dass sich die Leute wirklich mit meinen Produkten etwas Gutes tun wollten und meine Idee offensichtlich ankam. Ich weiß nicht mehr, was ich zuerst fühlte: Stolz, pure Euphorie oder einfach nur Erleichterung.

Meine Familie und Verwandten kamen natürlich an diesem Samstag auch in die Stadt und besuchten meinen neuen Shop. Mein Vater bestand sogar darauf, alle Getränke und Kuchen zu bezahlen. Es war etwas komisch, denn das meiste hatte meine Mutter selbst gebacken, aber er wollte mir Umsatz verschaffen. Am Abend hatte ich zwar nicht einmal 20 Prozent meiner Ladenmiete erwirtschaftet, aber die ersten 180 Kaffees und Espressi, die an diesem Tag rausgingen, bedeuteten die Welt für mich. Die Leute sahen in meinem Angebot offenbar einen Wert. Zum ersten Mal in meinem Leben hatte ich meine ganz eigene Vision verwirklicht. Ich hatte etwas gewagt und gewonnen.

Am Tag darauf, Sonntag, luden wir alle Freunde, Bekannten, Familienmitglieder und alle Beteiligten, die zur Realisierung des Shops beigetragen hatten, zu einer Eröffnungsparty ein. Jameel und meine Schwester kamen extra aus Amerika angereist und sogar der Antiquitätenhändler, der mir die Apothekeneinrichtung abgenommen hatte, war dabei. Wir waren ein großer Kreis von fast 100 Leuten und es wurde gemütlich in unserem kleinen Shop. Die meisten gaben mir positives Feedback und sagten mir volle Unterstützung zu. Das tat gut. Einige Anwesende waren allerdings auch ein bisschen skeptisch. Doch »kommen und gucken wollen« hieß für mich so viel wie »ich bin interessiert«. Es bestätigte mich viel mehr, als dass es mich verunsicherte. Ich bezweifelte nicht, dass sie ihre Meinung ändern würden. Alles in allem war dies ein großer Tag und mein Team nutzte ihn zum Testlauf für den Ernstfall, denn so viele Leute würden nicht so bald wieder am Tresen stehen.

WIE SIE EINEN COFFEE SHOP ZUM ERSTEN MAL BESUCHEN

Legen Sie zunächst einmal die gelernten Verhaltensweisen aus einem typischen Café oder Restaurant ab. In einem Coffee Shop gibt es keine Bedienung, die an den Tisch kommt und die Bestellung aufnimmt. Sie müssen also bis zum Tresen durchgehen und sich dort für das Getränk Ihrer Wahl entscheiden.

Lassen Sie sich dabei beim Blick auf das Angebot nicht von den vielen fremdsprachigen Begriffen verwirren. Das ist Teil des Konzepts und gewollte Differenzierung zu den uns bekannten Bäckereien oder Kaffeestuben. Wenn Sie an der Reihe sind und Ihre Bestellung aufgenommen wird, sagen Sie auch dazu, ob Sie Ihr Getränk mitnehmen oder im Haus trinken wollen.

Nachdem Sie bezahlt und das Trinkgeld in dem dafür vorgesehenen Gefäß platziert haben, rücken Sie an das Ende des Tresens auf. Hier erhalten Sie Ihr Getränk in einem Papp- oder

Porzellanbecher. Die Getränke kommen im Minutentakt raus, seien Sie also ein bisschen aufmerksam, damit Sie die Ansage für das eigene Getränk nicht verpassen. Zucker oder andere Süßmittel, Servietten, Holzstäbchen oder Plastiklöffel finden Sie an der dafür vorgesehenen Servicestation zur Selbstbedienung.

Wenn Sie sich für den Verzehr im Haus entschieden haben, können Sie an der für Coffee Shops typischen langen Fensterfront mit Hockern davor oder in einer der gemütlichen Sitzgelegenheiten im Raum Ihr Getränk genießen. Abgeräumt wird automatisch und manchmal erst, wenn Sie sich schon wieder auf dem Weg in den Alltag befinden.

BALZAC COFFEE UNTERM MIKROSKOP

DER TRAUM IM PRAXISTEST

Die meisten Kunden der ersten Tage zeigten Verständnis für unsere noch etwas unbeholfenen Serviceabläufe. Sie freuten sich über das Konzept und lobten unsere Anstrengung. Der Assistent von US-Sänger Al Jarreau, der zu der Zeit ein Konzert in Hamburg gab, kam an einem Tag sogar zweimal, um für seinen »Boss« einen Caffè Latte zu besorgen. Das machte mich ein bisschen stolz. Einem berühmten Star aus Amerika schmeckte mein Milchkaffee so gut, dass er einen zweiten haben wollte. Der »Ami-Test« war damit bestanden und wir waren, so fand ich, als Coffee Shop nach US-Vorbild offiziell anerkannt.

Aber es blieb kaum Zeit, den Erfolg zu genießen. Denn nun ging die eigentliche Arbeit erst richtig los. Das Konzept musste verfeinert und die Abläufe routinierter werden.

Nach der Eröffnung schenkte ich den Wünschen und der Kritik der Kunden natürlich meine größte Aufmerksamkeit. Vom ersten Tag an gaben ihre Meinungen mir Ansatzpunkte für den Feinschliff meines Konzepts. Und wenn man auf ihre Vorschläge reagiert, hat man oft zwei Fliegen mit einer Klappe geschlagen: Man zeigt, dass man ihre Wünsche ernst nimmt, und beugt negativen Reaktionen künftiger Kunden vor.

In dieser Hinsicht lernte ich die erste Lektion gleich am ersten Tag. Meine schöne Idee – Kaffee im Pappbecher für unterwegs anzubieten – ging nicht auf. Ich hatte 600.000 Pappbecher auf Lager liegen und war bisher gerade einmal 20 losgeworden. Hauptsächlich durch mich selbst. Die Hamburger kannten das US-Prinzip »Coffee to go« nicht. Fast jeder bestand auf einen »ordentlichen« Becher. Natürlich besorgte ich noch am ersten Tag schlichtes weißes Porzellangeschirr bei einem Gastronomieausstatter.

Aber damit verschob ich das Problem leider nur zum nächsten Punkt. Da ich kein Geschirr einkalkuliert hatte, fehlte auch eine Spülmaschine. Und die war nicht eingeplant – ein großer Fehler! Erstens gab es keinen Wasseranschluss und zweitens musste ein Mitarbeiter den ganzen Tag an unserem kleinen Küchenwaschbecken Geschirr spülen. Ein gnadenloser Job! Eine ordentliche Industriemaschine mit 3-Minuten-Waschzyklus musste her. Wie froh waren wir dann, als diese eingebaut wurde – und vor allem unsere Hände dankten es uns.

Aber zum Glück gab es auch die einfachen Wünsche, die weniger aufwendig waren und leicht umgesetzt werden konnten: Zum Beispiel wies mich jemand darauf hin, dass unsere Rucola-Sandwiches zwar sehr gut schmeckten, doch die Stiele des Salats ziemlich holzig wären und deshalb vielleicht besser abgeschnitten werden sollten. Ein Hinweis, der von uns dankbar angenommen wurde. Unsere Sandwiches schmeckten anschließend umso besser.

Ich beobachtete außerdem, welche Sandwiches ankamen und welche nicht. Das Gurkenbrötchen beispielsweise war ein echter Ladenhüter, der Mozzarella-Bagel hingegen der totale Renner. Also wurde das Gurkensandwich aus dem Sortiment genommen.

*Schlechtes verwerfen und
Gutes behalten!*

Auch die Kuchen, die meine Mutter gebacken hatte, kamen viel besser an als die zugekauften Muffins und der Käsekuchen, der tiefgefroren angeliefert wurde. Erstes Fazit meiner Beobachtungen: Es musste mehr Selbstgebackenes her.

Ein anderer Kunde empfahl uns, die Becher beim Anreichen über den Tresen unbedingt nur am Henkel anzufassen und nicht am Becherrand, denn das sei unhygienisch, der Kunde würde schließlich an der Stelle trinken. Auch dafür war ich dankbar. Als Anfänger in der Gastronomie hatte ich diesen heiklen Punkt einfach nicht gesehen.

Die Cappuccinotrinker wünschten sich Löffel, denn sie konnten ihren geliebten Schaum mit einem einfachen Holzrührstäbchen nicht so recht genießen. Also hatte ich diese für sie am nächsten Tag verfügbar.

Auch die heiße Schokolade, die mit Milch angerührt wurde, schmeckte meinen Kunden besser als die mit Wasser. Und die Sahne dafür musste unbedingt frisch aufgeschlagen sein.

Viele Kleinigkeiten, die aber letztlich viel bewirkten. So entwickelte sich langsam eine perfekte Angebotspalette.

Auf Details achten! Sie können den entscheidenden Unterschied ausmachen.

Positive Reaktionen und offen ausgesprochenes Lob der Kunden waren allerdings ebenso wichtig wie ihre Anregungen, denn dadurch bekamen wir die notwendige Bestätigung, die wir dann gegenüber neuen Kunden selbstsicher ausstrahlten. Vor allem unser Espresso, unser Caffè Latte und unser Cappuccino wurden sehr gelobt. Die Kunden waren begeistert vom Geschmack und noch mehr von unserem perfekten Milchschaum. Je öfter sie kamen und je größer die Bestellungen wurden, desto sicherer wurden mein Team und ich.

Darüber hinaus gab es leider auch diverse Konzeptänderungen, mit denen die Kunden nichts zu tun hatten und die mich finanziell schmerzlich trafen.

Meine Recherchen für den Businessplan hielten der Praxis leider doch nicht ganz stand. Nach einem halben Monat stellte sich heraus, dass ich mich bei den Preisen für Kaffee und Sirup verrechnet hatte. Ich legte Geld drauf, denn die Kosten waren höher als die vergleichbaren Einnahmen. Das war eine mittlere Katastrophe. Ich musste sofort die Preise ändern, was viele Kunden natürlich eher erboste. Ich war nur mäßig erfolgreich in meinen verzweifelten Erklärungsversuchen und habe sicher einige Kunden an diesem Tag verloren. Doch mir blieb keine Wahl. Ich dachte nur: Augen zu und durch!

Fehler gehören dazu. Solange man sie nur einmal macht.

Aber all das war noch nichts gegen das, was als Nächstes kam. Denn manchmal geschieht auch dann noch eine Katastrophe, die man bereits verhindert glaubte. Ich hatte zusätzlich zur Bezeichnung »Balzac Coffee« beim Patentamt eine andere Marke als Getränkenamen angemeldet. Die Idee stammte aus den USA. Dort hat jeder Coffee Shop eine hauseigene Spezialität. So wollte auch ich einen geschützten Namen für einige meiner Spezialitäten benutzen. Abgeleitet von dem italienischen Wort für Milch und Cappuccino hatte ich mir »Lattoccino« ausgedacht.

Aber in diesem Punkt hatte ich meine Hausaufgaben eben doch nicht sorgfältig genug gemacht. Eine große Lebensmittelkette aus den USA hatte einige Monate zuvor »Latteccino« für ein Milchgetränk in Deutschland angemeldet. Plötzlich rollte eine Welle von Anwaltsschreiben mit Klagedrohungen ins Haus. Ein bisschen erschrocken über die Ernsthaftigkeit dieser Drohungen wandte ich mich an einen Patentanwalt in einer Kanzlei um die Ecke meines Ladens. Er versuchte, den Schaden zu begrenzen, und riet mir, meinen Eintrag zurückzuziehen. Schließlich bin ich mit einer Geldstrafe von 500 Mark und überschaubaren Anwaltskosten recht glimpflich davongekommen. Mit so etwas war offenbar nicht zu spaßen. Um eine Erfahrung reicher meldete ich meine nächste Getränkemarke »Laccino« an. Der Anwalt fand zwar, dass es wieder recht ähnlich klang, doch ich war mir meiner Sache dieses Mal sicher. Wie angekündigt kam erneut von der gleichen Kette ein Widerspruch mit Klagedrohungen, doch ich ließ es entspannt darauf ankommen – und gewann den Prozess. Dieses Mal durfte der US-Konzern meinen Anwalt zahlen und der neue Name gefiel mir letztlich sogar viel besser. Ich war meinem »Gegner« im Nachhinein dankbar, ohne ihn wäre ich nie auf den besseren Namen gekommen. Und dieser war schließlich jeden Cent des »Strafgeldes« wert gewesen.

Natürlich zog die Namensänderung wieder andere Konsequenzen nach sich. Alle Menütafeln und Werbebroschüren mit dem alten Namen mussten eingestampft werden. Und das war bereits das zweite Mal. Im Rahmen der Preisänderung hatte ich schon einmal alle Karten neu drucken lassen müssen. Mein Etat für Druckkosten wurde erheblich strapaziert. Ärgerlich, aber das gehört am Anfang dazu.

Die Kosten, die durch Fehlplanungen entstanden, buchte ich unter »Lehrgeld« ab.

Eine Schwachstelle waren meine zahlreichen Lieferanten: Mein Vater brachte die Kuchen, die meine Mutter gebacken hatte, und diverse verschiedene Lieferanten besorgten Servietten, Pappbecher, Milchprodukte, aber wiederum nicht die

Milch. Die holte ich von der Metro, denn es musste eine bestimmte Marke sein, die andere nicht führten. Andere Händler brachten Obst und Gemüse, aber nicht die Orangen, die ich auf dem Großmarkt einkaufte, denn sie mussten eine ganz bestimmte Größe haben. Morgens um vier Uhr ging's also zum Gemüsegroßmarkt, nachmittags schnell mal zur Metro. Wenn uns das Basilikum ausging, rannte ich zum Supermarkt um die Ecke. Es funktionierte alles irgendwie, aber auch nur, weil ich mich um alles persönlich kümmerte. Ich sah mich zwar als aktives Mitglied meiner Crew, aber die Abläufe mussten unbedingt optimiert werden, ich durfte nicht so viel unterwegs sein, denn so konnte ich meine Energie nur mit halber Kraft hinter dem Tresen im Shop einsetzen – und da sah ich meine eigentliche Stärke.

Ich musste also zu delegieren lernen. Glücklicherweise kamen die meisten Lieferanten von selbst auf die Idee, mich anzusprechen, oder ich sah irgendwo den Lieferwagen eines gesuchten Lieferanten, von dem ich mir kurzerhand die Telefonnummer abschrieb, um ihn anrufen zu können. So lösten sich die meisten Probleme erstaunlicherweise praktisch von alleine und der Waren-Dschungel bekam Struktur.

Inzwischen kannte ich auch die benötigten Mengen einzelner Produkte und konnte entsprechende Angebote einholen und Rabatte verhandeln. Ich bemerkte dabei auch, wie sehr ich als Anfänger über den Tisch gezogen worden war. Das ist wohl notgedrungen das Schicksal eines jeden Neugründers, eine gewisse Abzocke ist Teil der Erfahrung. Wichtig ist nur, dass man so bald wie möglich, nachdem der Laden läuft, bei allen Lieferanten die Preise nachverhandelt. Es taten sich mir plötzlich ganz neue Einkaufsdimensionen auf, denn ich wurde für viele Lieferanten interessanter.

Meine Mutter hatte in den ersten Monaten die Herstellung aller Kuchen in ihrer eigenen Küche übernommen. Zu Beginn war das Volumen noch sehr überschaubar. Aber als der Umsatz stieg und ihre Produkte so gut ankamen, dass sie täglich mehrere Stunden in der Küche stand, kam ihre häusliche Backstube an die Grenzen ihrer Kapazität und sie kapitulierte. Sie übertrug mir die Verantwortung für die Kuchenbäckerei. Ich hatte nur Sorgen, dass wir ihrer Backkunst nicht gleichkommen würden, aber sie bot sich zu meiner Erleichterung an, den Aufbau unserer kleinen Bäckerei und unsere Einarbeitung Schritt für Schritt zu begleiten. Irgendwie erinnerten mich die Backnachmittage mit ihr an unser früheres vorweihnachtliches Keksebacken, als ich immer mehr rohen Teig aß, als mein Magen vertragen konnte. Ich hatte eine weitere Mitarbeiterin eingestellt und mein kleines Zwischengeschosslager notdürftig in eine Backstube umgerüstet. Wir hatten allerdings nur einen winzigen Aufbackofen, der ab sofort im Dauerbetrieb laufen musste. Es machte Spaß, meine Mutter einige Zeit mit im Laden zu haben, sie zeigte sehr viel Begeisterung für unsere Arbeit und ihr Lob tat uns wirklich gut. Unter ihrer Anleitung entwickelten wir uns zu Backprofis.

SERVICE MIT HERZ: WARUM DER KUNDE IMMER KÖNIG IST

Nachdem ich die ersten größeren Änderungen vorgenommen hatte, konnte ich mich endlich dem wichtigen Punkt »Service« zuwenden.

Service kannte ich nur aus Kundensicht. Ich hatte noch nie auf der anderen Seite gestanden, aber ich hatte die besten Absichten, praktisch allen meinen Kunden den leckersten Kaffee der Welt zu brühen und sie wunschlos glücklich zu machen. Doch das war leichter gesagt als getan ...

In den ersten Wochen beschwerten sich viele Kunden, dass sie zu lange auf ihre Getränke warten mussten. Meine ersten äußerst kritischen Kunden sind mir bis heute im Gedächtnis geblieben.

Eine hektische Dame etwa schimpfte ungehalten und lautstark über den Tresen: »Na! Das muss aber hier schneller gehen!« Wir fühlten uns getadelt wie kleine Schulmädchen, alle hilflosen Erklärungen blieben wirkungslos. Dabei hetzte sie den ganzen Laden gegen uns auf, denn die anderen Kunden warteten ebenfalls. Ich fand das unfair, denn der Grund für die Wartezeit war schlichtweg der, dass ich bei ihrem Cappuccino keine Kompromisse eingehen wollte. Der Espresso lief gerade nicht so gut, aber ich wollte nur perfekte Getränke ausgeben. Die Kundin verließ ohne ihren Cappuccino den Laden und kam nie wieder.

Ich ärgerte mich über mich selbst und schwor mir, mir nie wieder die Stimmung in meinem eigenen Laden von einem verärgerten Kunden aus der Hand nehmen zu lassen. Ich setzte mir zum Ziel, auch die härteste Nuss knacken zu können.

Aber wir waren offensichtlich in den Augen unserer Kunden noch nicht so gut, wie wir sein sollten und wollten, und ich begriff, wie viel Macht Kunden haben. Das machte mir zwar etwas Angst, aber dieser Problematik musste ich mich stellen, denn gleichzeitig geht es ohne Kunden-Input nicht. Ich wäre ohne Kritik nie besser geworden, nur dadurch wurde ich auf die möglichen Defizite in den verschiedenen Bereichen meines Konzepts aufmerksam. Im Fall der hektischen Kundin nahm ich mir vor, nächstes Mal die Ungeduld vorab kommen zu sehen und durch Überfreundlichkeit der drohenden Unzufriedenheit entsprechend den Wind aus den Segeln zu nehmen. Daneben mussten wir natürlich auch routinierter mit unserem Espresso werden, damit sich die Wartezeit in Grenzen hielt.

Ich hatte grundsätzlich große Achtung davor, dass uns die Kunden in ihren Alltag aufnahmen und ihr Geld bei uns ließen. Deshalb wollte ich nicht nur vermeiden, sie zu enttäuschen, sondern ihnen zusätzlich dafür etwas geben, was sie woanders nicht bekamen. Ein gutes Gefühl! Denn wie ich ja in New York gelernt hatte, machte das einen Milchkaffee erst richtig trinkwürdig.

Was also ist die erfolgversprechende Strategie für den Umgang mit Kunden, egal in welcher Branche? Ganz einfach:

- Stets bemüht sein, die Erwartungen des Kunden zu *über*treffen.
- Jedem Kunden eine positive Erinnerung an den Besuch schaffen.

Wodurch schafft man das?

- Wissen, dass der erste Eindruck zählt.
- Lernen durch Beobachten.
- Aufmerksam sein und auf die Situation der Kunden Rücksicht nehmen.
- Jeden Kunden mit der gleichen Herzlichkeit wie einen Freund im eigenen Heim betreuen.
- Hinter dem Produkt stehen und der eigene beste Kunde sein.
- Den persönlichen Raum der Kunden achten.
- Die Motivation der Kunden für den Besuch respektieren und darauf eingehen.
- Einen Bezug zu Kunden aufbauen.
- Qualität beständig halten.
- Entertainment bieten.
- Die Antwort kennen, bevor die Frage gestellt wird.
- Kritikern den Wind aus den Segeln nehmen.

• *Wissen, dass der erste Eindruck zählt*

Das braucht eigentlich keine Erklärung. Es ist also wichtig, alles so einladend wie möglich zu gestalten – egal, ob es sich dabei um die eigene Kleidung, die Visitenkarten oder den Laden handelt. Dazu gehören selbstverständlich auch die Gesichter der Mitarbeiter, in die der Kunde als Erstes blickt. Augenkontakt suchen, statt dem Blick aus dem Weg zu gehen, wirkt hier Wunder.

• *Lernen durch Beobachten*

Die Reaktionen der Erstkunden sind Gold wert, denn ihr erster Eindruck hält einem selbst den Spiegel vor. Heute noch beobachte ich das Verhalten von Erstkunden, wann immer ich Gelegenheit dazu habe. Ich beobachte ihren Gesichtsausdruck und versuche zu erfassen, ob das Angebot verständlich erscheint. Ich sehe, wie sie sich im Verkaufsraum bewegen und wo sie stehen bleiben, und versuche zu verstehen, warum sie genau dort verharren. Ich erkenne, was zuerst ihre Aufmerksamkeit weckt und was sie sich schließlich aus dem ganzen Angebot aussuchen. Am liebsten würde ich auch bei ihren Unterhaltungen Mäuschen spielen, um zu hören, wo Besserungsbedarf besteht.

Meine Recherchen förderten Interessantes zutage. Zum Beispiel erkannte ich die Bedeutung einer Vitrine. Die

Getränke wurden bei Balzac nicht auf Fotos abgebildet, wie etwa bei McDonald's, wo man einfach auf das Bild mit dem gewünschten Produkt zeigen kann. So war es wichtig, dass potenzielle Kunden draußen im Vorbeigehen mit einem kurzen Blick den Inhalt unserer Vitrine erfassen konnten. Die Entdeckung bekannter Produkte wie Croissants oder die verführerischen Arrangements himmlischer Kuchen sollten die Unentschlossenen in den Laden ziehen. Die Passanten kamen zunächst wegen des Essens rein und lernten dann erst unsere Getränke kennen.

Heute ist es einfacher und meist andersherum, weil das Konzept inzwischen bekannt ist. Doch ich drehe die Vitrine nach wie vor möglichst so, dass von draußen zu sehen ist, was es drinnen gibt.

- *Aufmerksam sein und auf die Situation der Kunden Rücksicht nehmen*

Aufmerksamkeit und schnelles Reagieren auf die jeweilige Situation sind beim Service entscheidende Erfolgsfaktoren. So achten wir in der Regel darauf, dass niemand zu lange warten muss, um seine Bestellung aufgeben zu können. Wenn fünf Kunden an der Kasse warten, wird eine zweite Kasse geöffnet. Das ist auch vollkommen ausreichend, wenn in der Schlange »gemütliche« Kunden – mit Zeit – stehen. Wenn aber drei »Ich-hab's-eilig«-Kunden hereinkommen, ändern wir natürlich unsere Strategie und versuchen, der Situation schneller mit einer zweiten Kasse gerecht zu werden. Es kann hier keine festgelegten Regeln geben, nur Richtlinien, die Ausnahmen zulassen.

- *Jeden Kunden mit der gleichen Herzlichkeit wie einen Freund im eigenen Heim betreuen*

Als ich zum ersten Mal in New York über die Gründung eines Coffee Shops nachdachte, sagte ich mir: »Wenn ich für Freunde Kaffee kochen kann, kann ich das auch für Fremde.« Bis heute bin ich immer noch mit dem gleichen Anspruch bei der Sache. Ich habe meine Läden stets wie meine eigene Wohnung verstanden, in der ich meine Gäste bewirte. Man nimmt die Kunden in der Tat ganz anders wahr, wenn man sich das vorstellt, und auch deshalb kommen sie gerne wieder.

Genauso bearbeiten wir unsere Produkte. Für die Getränke benutzen wir keine vollautomatischen Maschinen, bei denen man nur noch den Cappuccinoknopf drücken muss und die Tasse drunterstellt, stattdessen wird jeder Espresso per Hand zubereitet und Milch immer per Hand geschäumt. Keine Maschine kann so viel Sorgfalt und Hingabe in ein Produkt stecken wie der Mensch. Und auch wenn es dadurch manchmal nicht so schnell geht und natürliche Schwankungen in der Präsentation entstehen – Handarbeit und individuelle Zubereitung zeichnen unsere Produkte aus.

• *Hinter dem Produkt stehen und der eigene beste Kunde sein*

Ich bin der Meinung, dass ein Produkt grundsätzlich für sich sprechen sollte und alleine durch seine Qualität überzeugt. Wenn es gelingt, ist das die halbe Miete. Dann fällt es überhaupt nicht mehr schwer, hinter den Produkten zu stehen. Ich bin bis heute mein bester Kunde und ich würde nichts anbieten, was ich nicht selbst auch gerne verzehren würde. Täglich geht mein erster Weg morgens in den Shop.

• *Den persönlichen Raum der Kunden achten*

Wenn ein Produkt für sich selbst spricht, fällt es auch leicht, Kunden bei der Produktwahl persönlichen Raum zu geben, ohne sich ihnen aufzudrängen. Wenn man ihnen erlaubt, sich dem Angebot in ihrem Tempo zu nähern, werden sie nachher oft treuer, als wenn man aggressiv versucht, sie zu bearbeiten. Das kann beispielsweise bedeuten, dass die Mitarbeiter sich zurückhalten, wenn ein Kunde nicht unbedingt angesprochen oder beraten werden möchte. Erst wenn er Vertrauen zu uns gefasst und begriffen hat, dass wir es ehrlich meinen und ihm keinen Mist andrehen wollen, ist er offen für Produktvorschläge.

Umgekehrt bedeutet Höflichkeit natürlich auch, dass man kompetent mit Beratung zur Seite steht, sollte die Kundschaft es wünschen. Das ist im Allgemeinen die Regel. Es kam mir oft so vor, als würde ich meine Kunden symbolisch an die Hand nehmen und durch meinen Laden und meine Produkte führen. Ihre Fragen halfen mir, meine Information immer konkreter zu formulieren, und ich konnte schneller erahnen, was vielleicht beantwortet werden musste. Wenn es ihnen schmeckte, war ich überzeugt, sie würden es anderen weitervermitteln. Und eine bessere Werbung als die Kunden selbst kann man nicht haben.

- *Die Motivation der Kunden für den Besuch respektieren und darauf eingehen*

In der Regel betreten Kunden einen Coffee Shop stets, um darin etwas zu verzehren. Dennoch gibt es in ihrer Motivation feine Unterschiede und auf diese einzugehen kann viel bedeuten, denn das definiert guten Service.

Ich erinnerte mich daran, dass ich selbst oft genug in New York etwas ungeduldig in der Schlange stand, da ich es sehr eilig hatte, und deshalb den Mitarbeitern hinter dem Tresen Zügigkeit abverlangte. Es nervte mich, wenn sie nicht erkannten, dass ich nicht noch etwas zum Essen wollte oder heute einmal nicht gefragt werden wollte, wie es mir ging. Mit diesem Hintergrundwissen versuchte ich, bei meinen Kunden die verschiedenen Motivationen ihres Besuchs im Auge zu behalten.

Der eine möchte für unterwegs schnell etwas mitnehmen und dabei zügig und effizient (und natürlich gut) bedient werden. Für ihn müssen wir uns deshalb auch erkennbar beeilen. Das Tempo zeigt unseren Respekt und unser Bestreben, jeden Wunsch zu erfüllen.

Die andere, eine ältere Dame vielleicht, hat viel Zeit und möchte die Gelegenheit nutzen, sich gemütlich etwas Gutes zu tun. Für sie kann der Service etwas ausführlicher und entspannter gestaltet sein. Man plaudert dabei vielleicht auch ein bisschen. Wenn ich aufmerksam bin, beobachte ich vielleicht sogar, wie sie mit ihrem Mantel schon einmal einen Platz belegt, dann brauche ich sie wohl kaum mehr danach zu fragen, ob sie ihr Getränk zum Mitnehmen im Pappbecher haben möchte. Hier bietet sich die Gelegenheit, den Kunden etwas besser kennenzulernen.

• *Einen Bezug zu Kunden aufbauen*

Dies ist meiner Meinung nach eine der wichtigsten Regeln im Umgang mit den Kunden. Damit ist gemeint, dass man als Servicekraft mit einem Kunden auf eine persönliche Ebene kommt. Und das geht nur auf Eins-zu-eins-Basis von Mitarbeiter zu Kunde – allgemeingültige Regeln hierfür gibt es leider nicht. Es erfordert Aufmerksamkeit, Sensibilität, sehr viel Geduld und natürlich auch den eigenen Anspruch, sich stetig zu verbessern.

Beispielsweise kann man sich die Bestellung eines Stammkunden nach einiger Zeit problemlos merken. Sie dann ohne

Aufforderung vorzubereiten, sobald der Kunde den Laden betritt, zeigt, dass man sich mit ihm individuell auseinandersetzt und ihn merkbar wahrgenommen hat. Dies ist doch eine so leichte Aufgabe und ich bin immer wieder erstaunt, wie viele Menschen sie trotzdem nicht hinbekommen. Ich kaufe zum Beispiel seit Jahren jedes Wochenende dasselbe Brot (immer acht Scheiben) bei demselben Bäcker. Inzwischen sollte mich dort jeder kennen, doch noch immer muss ich meinen Satz sagen und noch immer fühle ich mich wie am Fließband abgearbeitet. Ich verstehe wirklich nicht, warum sich die Mitarbeiter hinter dem Tresen das Leben selbst so schwer machen. Statt ein bisschen Kontakt zum Kunden zu suchen tun sie so, als wäre der Job die größte Belastung. Das ist oft traurig zu beobachten.

Man zeigt Interesse am Kunden, wenn man sein Kommen oder seine Abwesenheit bemerkt. Kleine Wahrnehmungen können hier tatsächlich den entscheidenden Unterschied zur Konkurrenz ausmachen und das jeweilige Produkt umso attraktiver erscheinen lassen. Und das ist selbstverständlich auch zum eigenen Vorteil. Denn gleichzeitig macht man sich auf diese Art den Kunden zum Freund. Er zeigt dann im Gegenzug in den meisten Fällen Verständnis, wenn es einmal nicht so schnell geht oder etwas schiefläuft. Ganz abgesehen davon, dass ein Mitarbeiter, der Bezug zu seinen Stammkunden aufbaut, auch mehr Trinkgeld kassiert – wie ich finde zu Recht. Guter Service, der sich abhebt, darf belohnt werden.

• *Qualität beständig halten*

Durch Kompetenz und Beständigkeit baut man Vertrauen beim Kunden auf – und wenn das erst geschafft ist, stellt sich die Entspanntheit ein, die man dringend erreichen muss, wenn man den Kunden ein gutes Gefühl mitverkaufen möchte. Es bringt mir nichts, wenn sich der Kunde jedes Mal Sorgen darüber macht, wie sein Getränk wohl heute wieder schmecken wird. Dabei kann er sich nicht entspannen und der erste Schluck ist vorbelastet.

Wir hatten die eigene Messlatte hoch gesetzt, denn wir überzeugten durch unsere Espressogetränke und die wollten unsere Kunden wieder und wieder. Das brachte uns bald unsere Stammkunden bei. Diesen Standard kontinuierlich zu halten, bei mehreren hundert Espressi am Tag, war eine echte Herausforderung, die wir aber nur zu gerne annahmen. Nach einiger Zeit hatten wir überzeugt und die entsprechende Entspanntheit setzte ein. Die Leute kamen öfter und blieben immer länger im Shop, offenbar fühlten sie sich wohl.

• *Entertainment bieten*

Anfangs fehlte uns – neben der Routine – noch der Unterhaltungsfaktor, der mir in amerikanischen Coffee Shops die Wartezeit so amüsant verkürzt hatte. Dort scherzten die Mitarbeiter mit den Kunden, während sie ihre Getränke zubereiteten, hielten sich untereinander mit lustigen Zurufen auf Trab, machten Witze übereinander und ließen sich Showeffekte einfallen, wie das geschickte Zuwerfen von Bechern. Sie schafften Ablenkung, indem sie kleine Zugaben oder neue Kuchen und Kekse zum Probieren anboten. Wie ich damals selbst verwundert festgestellt hatte, wartete ich fast immer ganze 15 Minuten auf meine Bestellung, doch beim Verlassen des Ladens kam es mir höchstens wie 5 Minuten vor. Zeit ist also in der Tat relativ und sie vergeht wirklich schneller, wenn man beschäftigt wird.

Wir ließen uns zur Unterhaltung unserer Kunden deshalb einiges einfallen. Zum Beispiel bestellte der Kassierer bei dem Barista an der Espressomaschine einfach auch einmal einen »Zwei Portionen Pommes to go«, der mit so einem Einwurf schnell mal aus der Routine gebracht werden konnte. Julia und ich neckten uns immer gegenseitig, wer wohl mal wieder die Milch verschüttet hätte, und sie hatte bald einen Spitznamen: der Espresso-Fuchs. Es gab nur eine Regel: keine Witze auf Kosten der Kunden. Alles andere war erlaubt. Und bald bemerkten wir auch, dass uns die Kunden zuschauten, zum Teil sogar mitmachten und von unserer Energie ergriffen wurden.

• *Die Antwort kennen, bevor die Frage gestellt wird*

Jeder weiß, dass man für guten Service seine Kunden kennen sollte. Mit der Zeit versteht man ihre Körpersprache und Blicke und es fällt auch nicht mehr schwer, möglichen Fragen vorzugreifen. Im Zusammenhang mit Kaffee heißt das beispielsweise auf den Zucker hinzuweisen, bevor die Frage danach kommt. Oder Platz für Milch zu lassen, wenn man bemerkt, dass der Kunde sich bereits suchend danach umschaut.

Manchmal sind die Kunden dann überrascht, wenn man ihr unausgesprochenes Problem errät. Man schafft Erstaunen und bleibt ihnen so im Gedächtnis.

• *Kritikern den Wind aus den Segeln nehmen*

Auch wenn es mir anfangs schwer fiel, Nörgeleien wie die meiner ersten hektischen Kundin nicht persönlich zu nehmen, verstand ich doch, dass es hier nicht um zwischenmenschliche Beziehungen ging. Es ging einzig um die Sache und ich sah in jeder Kritik eine Herausforderung. Bald hatte ich die für mich perfekte Strategie mit »schwierigen« Kunden: Ich stellte mir jedes Mal nur eine einzige Frage: »Was muss ich jetzt in diesem Moment unternehmen, damit dieser Kunde morgen wiederkommt!?« Die Antwort kann, je nach Situation, ganz unterschiedlich ausfallen. Auf jeden Fall trifft man die richtige Entscheidung fast automatisch. Die Kunden sagen mir alles, was ich für den Erfolg meines Unternehmens brauche, ich muss nur zuhören.

Vielleicht fragt man sich an dieser Stelle, ob der Service bei Balzac denn nun auch so läuft? Die Antwort darauf ist: So oft es geht! Wir versuchen es jedenfalls mit den besten Absichten jeden Tag wieder neu, bei jedem Kunden.

Will man es also auf den Punkt bringen: Erfolg kommt nur durch die Menschen hinter dem Tresen. Gute Produkte und eine gemütliche Einrichtung sind schnell geschaffen, aber erst der Mensch haucht der Sache Leben ein. Denn dass ich die Wünsche des Kunden nach einem gutem Kaffee zufriedenstelle, sehe ich als Voraussetzung. Jeder kann das! Aber wenn ich es schaffe, dass er nach einem zweiten Kaffee verlangt, habe ich ihm dazu ein gutes Gefühl vermittelt, und das ist meiner Ansicht nach die Art von Service, nach der jeder streben sollte. Der entscheidende Faktor ist das Drumherum, mit dem Ziel, immer die Erwartungen jedes Kunden zu übertreffen.

WORAUF HABEN SIE HEUTE LUST?

Caffè Latte

Cappuccino

Caramel Macchiato

Vanilla Latte

Caffè Moca

White Chocolate Moca

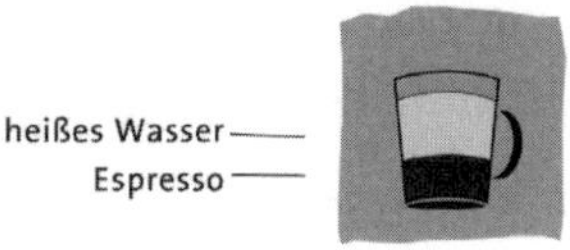

Caffè Americano

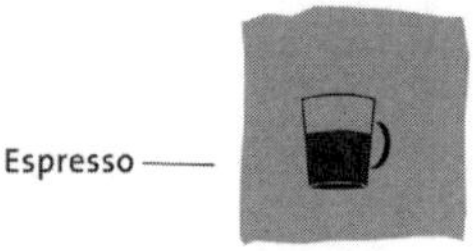

Espresso

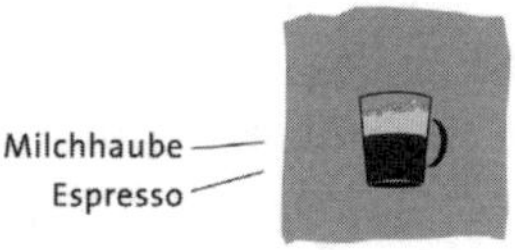

Espresso Macchiato

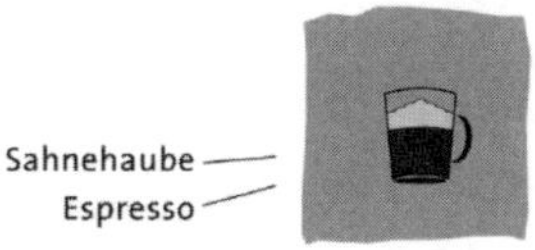

Espresso con Panna

Housecoffee

NEUE ZIELE AUF DEM WEG

GEFAHR DER ROUTINE

Es lief alles rund und wir wurden jeden Tag besser und schneller. Bald darauf erschien auch ein erster Zeitungsartikel über uns und da stand doch tatsächlich, dass es bei uns – neben den feinen Getränken – so gemütlich war, dass man am liebsten gleich mit seinem Kleiderschrank eingezogen wäre ... Das war das größte Lob, das ich für die von mir geschaffene Atmosphäre bekommen konnte – die schriftliche Bestätigung dafür, dass ich mein Ziel erreicht hatte, ebensolche gemütlichen Räume zu schaffen, wie ich sie in den New Yorker Läden erlebt hatte.

Wir hatten eine besondere Stimmung im Laden und alle fühlten sich dem Projekt verbunden, wir leisteten Pionierarbeit und waren Teil einer neuen Sache. Das schweißte uns als Team eng zusammen. Nach einigen Monaten waren wir regelrechte Profis in der Branche geworden, wir machten köstliche Getränke und Sandwiches und lieferten sensationellen Service. Wir wurden in allen Abläufen immer flotter und bekamen eine fast beängstigende Routine in unserem Job.

Doch plötzlich fiel uns allen das frühe Aufstehen schwerer, die Spannung, die Aufregung, etwas Neues zu kreieren, ließ nach – wir stürzten alle irgendwie in ein tiefes Loch. Morgens, beim Sandwichschmieren, hatten wir eigentlich immer die interessantesten Unterhaltungen geführt. Meistens lösten wir dabei alle Probleme dieser Welt und vor allem die unserer Beziehungen. Es war überaus unterhaltend und immer ein netter Anfang in den Tag.

Eines Morgens hatte es sich ausgeredet! Es war so, als hätten wir uns alles gesagt! Wie ein altes Ehepaar, das sich gegenseitig anschweigt. Es gab einfach nichts mehr zu diskutieren! »Was jetzt?«, dachte ich mir. Wo war der Spaß plötzlich hin? Unsere Abläufe wurden immer mechanischer. Wir wurden zwar sehr viel schneller, aber das allein konnte es nicht sein. Worum ging es also wirklich? Wie konnten wir unseren Spaß haben, selbst wenn wir die Arbeit wie im Schlaf machen können? Meine Güte – dachte ich immer wieder –, wir müssen so viel Zeit unseres Lebens bei der Arbeit verbringen, es *muss* uns einfach Spaß machen, sonst werden wir unglücklich. War ich etwa an dem Punkt mit meiner eigenen Firma, der mir anderswo so verhasst war?

Es ist absolut wichtig, dass alle gerne zur Arbeit kommen!

Während meiner zahlreichen Praktika habe ich kaum eine Firma wegen ihrer Kultur schätzen gelernt. Fast überall gab es Intrigen, Klatsch, Mobbing. Einige Mitarbeiter nutzten ihre Ellenbogen, um ihre Interessen durchzusetzen, andere hatten die Lust an der Arbeit verloren und kamen nicht mehr gerne in den Betrieb.

Ich finde es aber absolut wichtig, gerne zur Arbeit zu gehen! Was war also bei den Firmen, die ich kennengelernt hatte, falsch gelaufen? Waren sie zu groß, zu klein, zu alt oder zu jung? Ist es vielleicht nicht möglich, ein gutes Betriebsklima über einen langen Zeitraum hinweg zu erhalten? Verselbstständigt sich die Denke der Einzelnen durch die Gewohnheit so sehr, dass es unmöglich ist, einen Zusammenhalt zu schaffen? Was passiert im Lauf der Zeit, wenn die Routine einsetzt und der Reiz des Neuen nachlässt? Wie kann man eine gemeinsame Vision am Leben halten? Was hatten wir anfangs, das uns so vorantrieb und das es jetzt nicht mehr gab?

Unsere Vision war: In den Hamburger Colonnaden jeden Kunden von unserem überaus gelungenen Milchkaffee zu überzeugen. Die Begeisterung für das Neue war unser Antrieb. Die Kunden beim ersten Genuss ihres Getränks zu beobachten war, als würde man jemanden beobachten, der sein Geschenk auspackt, das wir ihm gerade gegeben hatten.

Doch bald war klar – es schmeckte, und die Faszination, diese Überraschungsmomente mitzuerleben, ließ nach. Wir hatten unser ursprüngliches Ziel erreicht, aber kein neues vor Augen. Damit hatte ich nicht gerechnet. An dieser Stelle machte ich mir Sorgen, vielleicht kein guter Chef sein zu können, denn ich konnte meinen Mitarbeitern den Spaß nicht vorprogrammieren. Noch immer hatten wir eine gute Atmosphäre und waren ein super Team, doch ich beobachtete, wie die Routine uns manchmal stresste.

Da wurde mir plötzlich klar, dass die Lösung meines Problems die ganze Zeit vor mir gelegen hatte: Ich musste einfach unsere eingefahrenen Abläufe wieder aufbrechen und uns allen neue Herausforderungen stellen. Ich begann, die Aufgabengebiete einzelner Mitarbeiter zu erweitern oder zu verändern. Neue Leute wurden geholt und neue Positionen und Verantwortungsbereiche verteilt. Anfangs erledigten wir alle die gleichen Aufgaben. Genauso wie ich bereiteten die anderen die Sandwiches zu und halfen beim abendlichen Putzen. Nur die administrativen Arbeiten wie Bestellungen aufgeben oder Dienstpläne schreiben hatte ich allein übernommen. Diese Aufgaben übertrug ich nun anderen Mitarbeitern.

Variierte Arbeitsabläufe brechen die Routine, motivieren und erhalten die Stimmung.

Ich war permanent damit beschäftigt, unsere Abläufe zu verbessern und die Produktpalette zu erweitern: Ich schaffte neue Geräte an und versuchte die operativen Abläufe, beispielsweise die Getränkeansagen, zu strukturieren. Wir probierten weiterhin Rezepte aus und entwickelten neue Produkte. Wir setzten uns gegenseitig immer wieder neue Ziele und versuchten, den Alltag durch Kleinigkeiten zu verändern. So kam eine Mitarbeiterin eines Morgens mit einer Wollmütze in den Laden, auf der stand: »Ich bin blond, ich bin blöd.« Das provozierte natürlich Gespräche vor und hinter dem Tresen und rief bei uns allen eine gute Stimmung hervor.

Wir nahmen uns täglich kleine überschaubare Ziele vor, die unseren Alltag etwas aufwirbelten, wie zum Beispiel:

- Mehr Umsatz als gestern machen
- Sich mehr Getränke merken können
- Mehr Sandwiches als gestern verkaufen
- Neue Produkte an den Mann bringen
- Mehr Entertainment als gestern bieten
- Sich einfach einmal einen Spaß ausdenken

Der Reiz des Neuen und unsere positive Anspannung lebten dadurch hier und da wieder auf. Ziele zu setzen hielt uns auf Trab und machte jeden neuen Tag abermals zu einer Herausforderung.

Ziele zu setzen hilft, die eigene Trägheit auszutricksen.

Das Aufstehen fiel uns auch wieder leichter und wir hatten erneut Spaß an unserer Arbeit. Aber die beste Idee, die uns neue Perspektiven eröffnen sollte, ergab sich ganz von selbst.

COFFEE TO GO MACHT SCHULE

Mein Coffee Shop funktionierte gut und hatte meine Erwartungen weit übertroffen. Das erste Jahr schlossen wir mit Gewinn ab. Doch damit gab ich mich nicht zufrieden. Ich hielt nichts von Trends, die kommen und gehen. Es ist wichtig, für den langfristigen Erfolg zu planen, nicht für den Augenblick der ersten Resonanz. Deshalb sollte Balzac Coffee nie nur ein Trend werden. Es sollte sich vielmehr zu einer Institution entwickeln, zu einer Sucht – im positiven Sinne –, die uns alle nicht mehr loslassen würde.

Nach einigen Monaten eingespielter Abläufe mit insgesamt zehn Angestellten, die den Laden inzwischen praktisch alleine schmissen, hatte ich Zeit und Muße, mich mit der Zukunft zu beschäftigen.

Das Coffee-Shop-Thema lag in der Luft und plötzlich schossen die Läden überall wie Pilze aus dem Boden. Offenbar hatten viele Leute die gleiche Idee zu gleichen Zeit. Allein in unserer unmittelbaren Nachbarschaft öffneten vier unterschiedliche Konzepte. Ein Coffee Shop war eher wie ein Kiosk eingerichtet, sehr farbenfroh und mit Snickers-Riegeln an der Kasse; ein anderer hingegen war vom Inventar her eher kühl gestaltet. Ihm fehlten – meiner Meinung nach – Wärme und eine gemütliche Atmosphäre. Der dritte war zwar von den Farben her ansprechend, wies aber Schwächen im Angebot und Qualitätsbewusstsein auf: Die Kaffees schmeckten immer anders und die Kuchen nach Industrie. Der vierte Shop war insgesamt einfach zu klein.

Nun ja – ich fand uns natürlich mit Abstand am besten, das stand außer Frage. Und wissend, wie schwer es war, mit einem kleinen Shop in die Gewinnzone zu kommen, erschien mir manches Konzept etwas gewagt, aber es war nicht an mir, darüber zu urteilen. Suspekt war mir vielmehr, als vier Monate nach der Eröffnung ein Vorstandsmitglied eines großen Kaffeekonzerns großkotzig in meinen Laden kam und mir sozusagen den »Krieg« erklärte. Er kündigte an, sie würden den Markt zukünftig mit ihren Shops beherrschen und alle anderen plattmachen.

Konkurrenz beeindruckt nur, wenn man sich seiner eigenen Sache nicht sicher ist.

Noch schwamm ich vor der Welle der anderen und Balzac war einer der Pioniere der deutschen Coffee-Shop-Branche. Und diese Position wollte/konnte/sollte ich nicht aufgeben. Die steigende Nachfrage, der wachsende Markt, mein Erfolg und nicht zuletzt mein Ehrgeiz führten dazu, dass ich mich mit der Idee eines zweiten Ladens beschäftigte. Ich hatte gespart und konnte es mir leisten.

Was ich damals nicht ahnen konnte: Mit dieser Entscheidung begann eine lange, schwierige Wachstumsphase. Dabei habe ich einige Fehlentscheidungen getroffen und viele Rückschläge einstecken müssen. Im Nachhinein kann ich heute natürlich sagen, dass sich der Einsatz gelohnt hat, aber zwischendrin hatte ich manchmal ernsthafte Zweifel.

Es ist wirklich keine große Sache, einen einzelnen Coffee Shop zu eröffnen, alle Hindernisse lassen sich mit dem gesunden Menschenverstand und mit großer Motivation überwinden. Wenn man aber expandieren, eine Kette gründen will, spielt man schnell in einer anderen Liga und betritt eine neue Dimension.

BALZAC BEKOMMT NACHWUCHS

Die ersten Schritte zum zweiten Shop lagen auf der Hand und waren noch relativ einfach. Schließlich hatte ich den ganzen Prozess schon einmal durchexerziert: Wesentliche Pfeiler meines neuen Projekts – Finanzierung, Name, Logo und Lieferanten – waren ja bereits vorhanden. Ich musste also nur geeignete Räume finden.

Nach den traumatisierenden Erfahrungen mit den Behörden wollte ich es mir dieses Mal leichter machen und einen Laden anmieten, der nicht unter Denkmalschutz stand oder etwa Probleme mit der Deckenhöhe hatte. Außerdem wollte ich Sitzplätze einrichten, deren Fehlen die Kunden am häufigsten bemängelten. Alles sprach für große Geschäftsräume!

Die Makler fragten mich, wo und wie groß genau der Laden sein sollte und wie hoch die Miete sein durfte, aber da musste ich wieder passen. Schließlich wusste ich immer noch nicht, welches Potenzial Coffee Shops in Deutschland hatten. Ich hatte zwar gute Erfahrungen gemacht, aber auch wenn ich fand, dass ein Tagesumsatz von 1000 Euro viel war, konnte ich nicht wissen, ob das objektiv viel oder wenig war. Wo war die Grenze nach oben …? – Ich hatte keine Ahnung. Das Einzige, was ich definitiv wusste, mein zweiter Laden sollte auch in Hamburg und größer als mein erster Shop sein. Wo genau, wie groß und was ich ausgeben konnte, wollte ich entscheiden, wenn ich die Räume und die Lage sah.

Ich lief jeden Tag durch die Innenstadt und ließ die verschiedenen Straßen zu unterschiedlichen Zeiten auf mich einwirken. Bewaffnet mit einigen Makler-Angeboten machte ich mir ein Bild davon, was wo wie viel kosten sollte. Über die hohen Mieten in einigen Innenstadtbereichen staune ich noch heute. Schnell war klar, dass die 1A-Lagen außerhalb meiner finanziellen Reichweite lagen. Etwas geknickt, aber immer noch voller Hoffnung suchte ich schließlich nach einer geeigneten Fläche in den weniger beliebten Ecken – in der direkten Nachbarschaft der Toplagen, was ich heute auch noch so mache. Vielleicht würde ich ja mit ein bisschen Glück dann trotzdem an der richtigen Stelle sitzen.

Endlich fand ich passende Räume in der Nähe des Hamburger Rathauses. Wenn es auch keine Ecklage war, so hatten sie doch eine schöne breite Fensterfront und eine sehr gute Präsenz zur Straße hin. Der Laden stand schon eine Weile leer –

wie viele andere Geschäfte in der Nachbarschaft auch. Doch ich dachte mir, die Nähe zum Rathaus kann grundsätzlich nicht falsch sein.

Dennoch wollte ich meine Standortentscheidung absichern und entschloss mich, die Passanten vor dem Laden zu zählen. Ich nahm die Sache sehr ernst und verbrachte vier Tage vor dem Haus, in dem ich mein zweites Geschäft einrichten wollte. Es war März und bitterkalt. Also lieh ich mir wieder den Wagen meines Vaters und stand Stunde um Stunde im Parkverbot, um den besten Blick auf die Eingangstür zu haben. Ab und an ließ ich den Motor an, um mich warm zu halten. Ich hatte kein Zählgerät und machte Striche auf einem Zettel. Es stellte sich heraus, dass es eine hoch frequentierte Laufstrecke war, oft kam ich mit dem Zählen und Schreiben nicht mehr nach. Meine Mitarbeiter beobachteten auf die gleiche Weise die Passanten vor dem ersten Laden. Ein Vergleich der Ergebnisse zeigte, dass an der neuen Fläche viel mehr Menschen vorbeikamen als in den Colonnaden. Ich stufte die Lage also als »gut« ein.

Ich wollte die Räume haben und teilte dies schnell dem Makler mit. Er war einverstanden und versprach, den Mietvertrag zuzusenden. Es vergingen einige Tage, daraus wurden Wochen – ich hörte nichts. Als ich mich schließlich nach dem Stand der Verhandlungen erkundigte, bekam ich eine rüde Absage. Der große Kaffeekonzern, dessen Vorstandsmitglied mich einige Wochen zuvor in meinem Laden einschüchtern wollte, war an den Geschäftsräumen interessiert und beabsichtigte, dort ebenfalls einen Coffee Shop einzurichten. Ich platzte fast vor Ärger und fand das Verhalten des Maklers sehr unfair. Wieso kam ausgerechnet jetzt noch jemand auf die Idee, gerade dort einen Coffee Shop zu eröffnen? Der Laden hatte über ein Jahr leer gestanden. Das ergab doch überhaupt keinen Sinn. Ich fühlte mich verraten.

Doch schon oft hatte ich in meiner noch jungen beruflichen Karriere erlebt, dass Dinge sich auch ohne mein Zutun positiv entwickelten. So auch in dieser Angelegenheit: Nachdem ich schon längst mit der Sache abgeschlossen hatte und nach Alternativen Ausschau hielt, verriet mir ein anderer befreundeter Makler, dass die Räume immer noch frei seien. Ich sollte mich schleunigst mit dem Vermieter direkt in Verbindung setzen. Das tat ich dann auch – mit einem erstaunlichen Ergebnis.

Glück kommt manchmal auch durch abwarten.

Der Eigentümer war so erleichtert, endlich einen Mieter für sein Ladenlokal gefunden zu haben, dass wir schnell den Mietvertrag unterzeichnen konnten. Er bot mir sogar an, die Hälfte der Courtage des unfairen Maklers zu übernehmen, falls dieser – trotz seiner Trickserei – seinen Anspruch einklagen würde. So kam es dann auch und ich hatte wieder einmal großes Glück gehabt!

Ich konnte also endlich mit dem Umbau beginnen. Der neue Laden hatte 150 Quadratmeter und war damit dreimal so groß wie mein erster. Hoch motiviert machte ich mich an die Arbeit, die Flächen aufzuteilen. Im vorderen großen Bereich sollten Tresen, Regale und Tische mit Stühlen für die Kunden aufgestellt werden. Im hinteren Raum wollte ich auf 30 Quadratmetern die neue Bäckerei einrichten. Im Keller war Platz für das Lager, einen Umkleide- und Aufenthaltsraum und ... endlich auch Toiletten! Der Fußboden bestand aus Linoleum, das aussah wie Holz. Das konnte bleiben.

Dann ging es an die Pläne. So sehr ich meine beiden Architektinnen mochte, ich hatte mich weiterentwickelt und wollte den Wechsel auf eine andere Ebene. Ich wollte nicht mehr das kleine Mädchen sein, das an ihrem Kaffeetisch Kekse isst. Also suchte ich mir ein Architektenbüro, das mit Ladenbau schon Erfahrung hatte.

Der Umbau wurde so chaotisch wie der letzte. Allerdings auf ganz andere Weise, denn während der erste Bau noch sehr durchdacht war, aber viel zu lange dauerte, kümmerten sich die neuen Architekten überhaupt nicht um dieses Projekt. In den letzten Tagen vor der Eröffnung war der Bauleiter einfach verschwunden und es stellte sich auf meine Nachfrage heraus, dass er im Urlaub war! Die Handwerker überhäuften mich mit Fragen und mir stand die Ratlosigkeit im Gesicht. Die Espressomaschine wurde angeliefert, doch es war der falsche Stromanschluss dafür gelegt worden, die Eingangstür musste nach außen aufschlagen, aber der Fußboden auf der Außenseite war höher als innen. Keiner hatte an den Fließenleger gedacht, der die Höhe anpassen konnte. Die Bakery hatte einen Fußbodenablauf, aber das Wasser lief in alle Himmelsrichtungen, nur nicht dorthin, wohin es eigentlich sollte ... Die Probleme kamen im Sekundentakt auf mich zu. Die Ladenbaufirma hat jedenfalls keinen weiteren Auftrag von mir erhalten.

In diesem Moment sehnte ich mich nach der mütterlichen Art meiner beiden Damen vom ersten Umbau und sah ihre Gewissenhaftigkeit in einem ganz neuen Licht. Sogar die vertraueneinflößende Umgebung ihrer Wohnung und ihre Kekse fehlten mir nun.

Auch wenn ich hier gerne schreiben würde: Ich lernte daraus und machte es beim nächsten Mal besser – so einfach war es leider nicht. Meine nächsten Architekten hatten entweder keinen Sinn für das Projekt, konnten meine Vorstellungen nicht umsetzen, lehnten mein Konzept ab oder bauten einfach vieles falsch ein, sodass es mich eine Unmenge an Zeit und Geld kostete, die Fehler zu korrigieren. Erst nach fünf Jahren und 15 weiteren Shop-Bauten mit mindestens sieben verschiedenen Architekten fand ich endlich den Meister seines Fachs, der perfekt auf meine Bedürfnisse eingehen konnte.

Vielleicht bin ich besonders detailverliebt, aber ich verstand es für mich so, dass manche Lernprozesse eben einfach etwas länger dauern. Das größte Problem bei Bauprojekten ist, dass man nicht einfach mittendrin aussteigen kann.

Nur einmal hat mich ein Architekt so verärgert, dass ich ihm das Projekt entzog. Er sagte mir wiederholt, wenn ich die Läden weiter so baue, würde ich mit meinem Konzept »mit 180 Sachen gegen die Wand fahren«. Ich müsste alles ändern (und vor allem alles teurer bauen!). Aber ich fand, ich hatte ein erwiesenermaßen gutes Konzept, das genau die Kosten verursachte, die ich mir leisten konnte und die zu Balzac passten.

Ich wusste nicht, was mich mehr ärgerte: die Tatsache, dass er es wagte, mein Konzept überhaupt in Frage zu stellen (er wollte meine schlichten, aber gemütlichen Shops in hochkarätige Design-Oasen verwandeln!), oder seine Unverschämtheit, mir solche Sachen an den Kopf zu werfen.

Es ist ja nicht grundsätzlich falsch, wenn sich Architekten als Künstler verstehen, doch gleichzeitig müssen sie sich daran erinnern, dass sie als Dienstleister das Geld anderer ausgeben. Ich kann und will mich nicht darüber streiten, ob 200 Euro für einen Stuhl ein angemessener Preis sind, wenn er für mich zu teuer ist. Und wenn ein Architekt nur sein eigenes Konzept verwirklichen will, hat er ein Problem mit Leuten wie mir, die eigene Vorstellungen und eine eigene Meinung haben. Ich hätte es vielleicht auch besser wissen müssen, aber hinterher ist man immer schlauer. Mit meinem derzeitigen Architekten habe ich die letzten 16 Läden entwickelt und umgesetzt. Diese Zusammenarbeit ist perfekt. Die ganze Sucherei vorher hat mich allerdings viel Kraft und Lehrgeld gekostet.

Doch nun zurück zum zweiten Shop: Nicht nur die Architekten machten Fehler – auch ich leistete mir manchen Fauxpas. Mein erster Laden war zu eng und zu verwinkelt, als dass man dort effizient hätte arbeiten können. Es fehlte ein Platz für die Mülleimer, die Ablagefläche und die Gänge waren so eng, dass man sich nur knapp durchschlängeln konnte, wenn eine Schranktür oder Klappe offen stand. Das sollte mir nicht noch einmal passieren.

Deshalb verdoppelte ich kurzerhand alle Durchgangs- und Tresenflächen, war aber mit dieser schlichten Kalkulation deutlich über das Ziel hinausgeschossen: Die Wege zwischen Kasse, Espressomaschine und anderen Serviceeinheiten waren viel zu lang geworden und es gab zu viele Schrankflächen, die wir nicht nutzten. Außerdem stellte ich fest: Gerade weil es so wenig Platz gab und alles so eng beieinanderstand, war mein erster Laden so kuschelig. Der neue Shop mit seinen langen Wegen und dem großen Tresen wirkte hingegen leer und die Wandflächen eintönig. Damals traute ich mich noch nicht, so wild in den Farbtopf zu greifen und kräftige Akzente an den Wänden zu setzen. Das fällt mir heute sehr viel leichter.

Erst Schritt für Schritt, von Laden zu Laden, fand ich allmählich die goldene Mitte zwischen Weitläufigkeit und Gemütlichkeit. Als der Umbau des zweiten Ladens schließlich abgeschlossen war, hatte ich zwar immer noch nicht den idealen Shop, aber ich hatte dadurch auf jeden Fall für die Zukunft eine ganze Menge gelernt.

Zu meinem neuen Erfahrungsschatz gehörten allerdings noch weitere Episoden über die Zusammenarbeit mit dem Hamburger Verwaltungsapparat. Die Behörden machten es mir auch beim zweiten Bau nicht leichter. Wer glaubt, dass die Kooperation besser wurde und ich einen Vorteil gehabt hätte, weil ich ja schon ein Projekt erfolgreich durchgezogen und sogar Arbeitsplätze geschaffen hatte, der täuscht sich gewaltig. Es geht immer wieder von vorne los. Es gibt kein »Wir-kennen-uns-ja-schon«, keine vertrauensvolle Zusammenarbeit mit Behördenmitarbeitern. Vielmehr tun sie so, als sei jeder gewerbliche Bauherr im Begriff, seine Kunden vorsätzlich in Lebensgefahr zu bringen.

Parkplätze und Toiletten waren wieder das vorherrschende Thema und selbst als ich den einen oder anderen Mitarbeiter vom Lebensmittelamt oder vom Bauamt einlud, sich meinen bereits existierenden Laden anzusehen und sich einen Eindruck von der Umsetzung meines Konzepts zu verschaffen, half das dem neuen Projekt kein bisschen. Ein Mitarbeiter des Lebensmittelamts kam vielmehr vorbei, um Proben von meinem Kaffee zu nehmen – für eine Untersuchung auf Pestizide. Natürlich hat er nichts gefunden. Wenn man dann aber hört, dass einige Betriebe lange Zeit unbehelligt vergammeltes Fleisch oder verdorbenen Fisch verkaufen können, scheint es mir absurd, dass die Beamten zu uns kommen und unseren Kaffee testen.

Ärgerlich waren oft auch die Auftritte der Baubehörde. Vor allem bei den Bauabnahmen ließen mich die Mitarbeiter der

Behörde gern ihre Macht spüren. Bei diesem Verwaltungsakt soll der Baubeamte an Ort und Stelle prüfen, ob der Laden entsprechend den Verordnungen gebaut wurde. Erst wenn er nichts zu beanstanden hat und sein O. K. gibt, kann man den Laden eröffnen.

Als ich den Bauprüfer einen Tag vor der geplanten Eröffnung des zweiten Ladens zur Abnahme einlud, waren wir noch dabei, die Regale einzuräumen. Überall standen Kartons herum und es waren auch noch nicht alle Lampen angebracht. Der Beamte machte daraufhin schon an der Schwelle auf dem Absatz kehrt und sagte ziemlich unwirsch, ich solle ihn anrufen, wenn ich fertig sei, so könne er den Laden nicht abnehmen! Ein anderes Mal musste ein Laden, der komplett fertig gebaut und eingerichtet war, vier Tage geschlossen bleiben, weil der betreffende Bauprüfer im Urlaub und sein vorgesehener Ersatzmann krank war! Dass diese Willkür und Verzögerungstaktik der Behörden einem Jungunternehmer manchmal sogar vierstellige Umsatzeinbußen bescheren können und er dadurch um Einnahmen gebracht wird, die er braucht, um Rechnungen zu bezahlen, interessiert die Beamten nach meinen Erfahrungen nicht.

Die Behörden haben mein junges Unternehmen damals sehr strapaziert und mir zuweilen Überlebensängste verursacht. Heute bin ich zum Glück nicht mehr so abhängig von den Entscheidungen der Beamten, denn die Bestimmungen wurden gelockert. Wie bereits angedeutet, dürfen inzwischen beispielsweise Kunden und Personal die gleiche Toilette benutzen, und ich muss auch keine Konzession mehr beantragen, da ich weder Alkohol ausschenke noch eine Restaurantküche betreibe. Das erleichtert die Arbeit ungemein. Natürlich bauen wir nach wie vor unsere Läden absolut kunden- und mitarbeitergerecht.

DIE BALZAC BAKERY

Es war bald klar, dass meine kleine Backstube in keiner Weise die professionellen Anforderungen erfüllte. Meine Haushaltsmaschine und der elektrische Handmixer konnten die geforderten Mengen nicht bewältigen. Die Lagerkapazitäten waren außerdem sehr begrenzt und der Raum einfach zu klein. Es musste also eine ordentliche Backstube her und der zweite Laden bot hierfür nach meiner Auffassung im hinteren Bereich ausreichend Platz.

Doch vom Bau einer Bäckerei hatte ich damals ebenso wenig Ahnung wie früher von der Einrichtung eines Coffee Shops. Also machte ich mich wieder an meine Hausaufgaben: Ich recherchierte, so gut ich konnte, verhandelte wieder mit dem Bauamt. Ich versuchte Schritt für Schritt alle Hürden zu überwinden und stützte mich auf meine Erfahrungen. Doch wo kann man sich über den Bau einer Sandwich-Küche und einer Bäckerei informieren? Also wandte ich mich an einen Großkücheneinrichter und tat mein Bestes mit einer großen Teigmaschine, Profibacköfen und großen Schüsseln. Jetzt konnten wir 30 Bananabreads auf einmal in den Ofen schieben, vorher hatten gerade mal vier reingepasst. Doch wir waren nicht gut beraten, denn schon zwei Monate nach der Eröffnung zeigte sich, dass die Räumlichkeiten für die Produktion und Belieferung für die Mengen von zwei Läden viel zu knapp bemessen und unsere Geräte immer noch nicht für die Belastung ausgelegt waren. Denn wir verkauften immer mehr!

Unsere Öfen reichten bald nicht mehr aus. Meine Kühlkapazitäten wurden immer weiter aufgestockt. Statt einer Tiefkühltruhe brauchte ich jetzt vier. Es kamen immer wieder neue Kühlschränke dazu. Irgendwann war alles zugestellt und der Zubereitungsplatz wurde knapp. Das Lager war im Keller untergebracht – auch keine gute Idee, denn die Mitarbeiter mussten immer wieder über eine steile Treppe laufen, um sich die benötigten Waren zu holen, und die An- und Auslieferung lief durch den Shop – nicht gerade sehr dienlich für die entspannte Atmosphäre, die ich gerne im Laden gehabt hätte.

Aber wir ließen uns nicht aus dem Konzept bringen: »Geht nicht – gibt es nicht« lautete unsere Devise. Niemand aus meinem alten Team störte sich an den Unzulänglichkeiten – wir machten, wie gewohnt, einfach das Beste daraus.

Improvisieren war uns immer leicht gefallen und Pannen spornten uns zu Höchstleistungen an. Unser Teamgeist trug uns über viele Hürden. Als wir am Tag der Inbetriebnahme der

Bäckerei feststellten, dass wir kein Lieferfahrzeug hatten, weil ich den Transporter nicht rechtzeitig bestellt hatte, schafften wir schnell Abhilfe. Eine Mitarbeiterin bot sofort ihren blauen VW-Käfer, einen echten Oldtimer, an.

Jeden Morgen packten wir den kleinen Wagen voll bis unter die Decke: Vordersitz, Rückbank, Kofferraum und jeden Millimeter dazwischen – wenn es sein musste, war auch auf dem Schoß des Fahrers noch Platz. Dass dabei die eine oder andere Schüssel mal umkippte oder Sandwiches von der Platte rutschten, war programmiert, und ich musste etliche Warenverluste und Wagenreinigungsrechnungen verbuchen, bis sich endlich unser erster kleiner Balzac-Transporter in Bewegung setzte. Einen witzigeren Lieferwagen als den VW-Käfer haben wir aber nie wieder besessen, er hatte etwas Besonderes und ich war danach jahrelang begeisterter VW-Beetlefan.

Das Thema Bäckerei hat uns noch lange beschäftigt. Wir sind bald wieder umgezogen und dann noch mal und noch mal. Die ersten drei Backabteilungen wurden noch im hinteren Teil der jeweiligen Shops eingerichtet und werden heute als Kundenbereich oder als Lager genutzt. Insgesamt baute – oder verbaute – ich vier Backstuben, bis wir bei der fünften endlich kompetent genug waren, um unsere heutige »Balzac Bakery« in Hamburg auf die Beine zu stellen. Sie ist nun schon einige Jahre in Betrieb und läuft einwandfrei. Inzwischen sind bis zu 40 Mitarbeiter damit beschäftigt, täglich Waren für sämtliche Balzac-Shops herzustellen, die nachts in alle vier Himmelsrichtungen ausgefahren werden. Inzwischen haben wir einige weitere Transporter dazubekommen. Produziert wird auch heute noch ganz im Sinne meiner Mutter – nach Hausfrauenart. Wir verwenden nur frische Zutaten; Fertigmischungen gibt es bei uns nicht. Und man sieht unseren Produkten die Handarbeit auch an.

Über all die Jahre sind wir immer offen für neue Rezepte und neue Produkte geblieben. Jeder hat eine Oma oder Mutter, die einen Kuchen ganz besonders gut backen kann, und wenn uns Kunden oder Mitarbeiter ein interessantes Rezept zustecken, erweitern wir das Sortiment gerne. So lieferte eine Kundin aus Berlin das Rezept für einen Gewürzkuchen, den wir immer in der Adventszeit anbieten. Und gerade vor einigen Wochen gab eine Mitarbeiterin die Anleitung für unsere Chocolate Cream Cheese Muffins weiter, die großen Anklang finden.

Alles in allem waren der Umbau des zweiten Ladens und die Einrichtung der ersten Bäckerei lange nicht so umfangreich und aufreibend wie die Umsetzung meiner Idee im ersten Shop. Diesmal hatte ich schon alle Kontakte, Lieferanten und nun auch die Möglichkeit, in meinem ersten Laden die zehn neuen Mitarbeiter für den zweiten anzulernen. Es war alles viel einfacher und nicht mehr ganz so neu. Im August 1999 wurde Balzac II eröffnet und lief sofort gut an.

Aber damit begannen dann auch schon bald meine eigentlichen Probleme des Wachstums ...

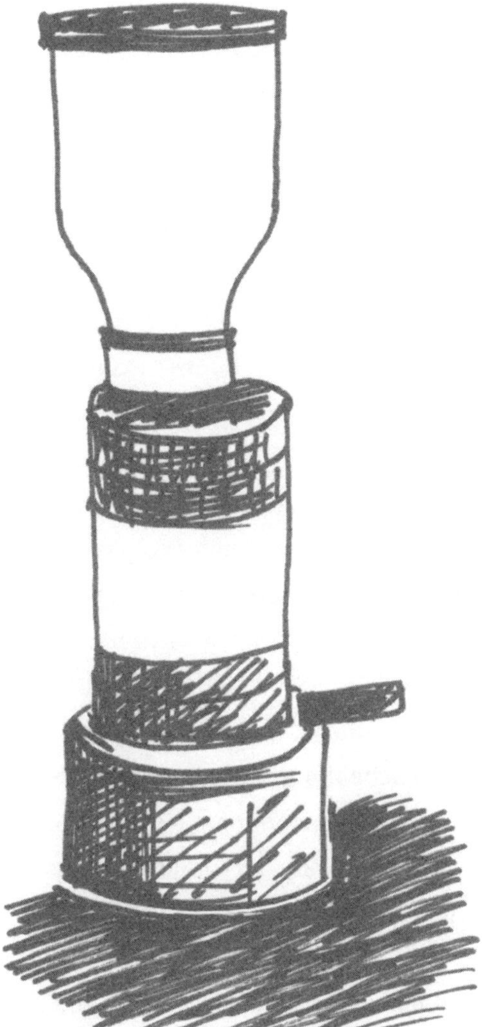

HILFREICHE TIPPS, WENN EINEN RÜCKSCHLÄGE TREFFEN:

- Sich Luft machen, aber nicht zu lange auf dem Problem herumreiten.

- Nach vorne blicken, es kann nur besser werden.

- Die Dinge »sacken« lassen und darüber schlafen.

- Entscheidungen nie im Affekt oder in emotionaler Aufregung treffen.

- Vielleicht auf den Schreck auch erst mal einen Schluck Whisky trinken.

- Die eigene Energie umleiten
  (ich fange immer an, unser Büro sauber zu machen, wenn die Dinge gerade nicht so gut laufen).

- Sich etwas Gutes tun, um abzuschalten.

- Mit vertrauten Menschen darüber sprechen. Am besten ist sogar, sie sind nicht aus der eigenen Branche.

- Die Dinge objektiv analysieren und einen neuen Versuch starten.

WACHSTUMSSCHMERZEN

NICHT DEN ÜBERBLICK VERLIEREN!

Bisher hatte ich alles mehr oder weniger mit gesundem Menschenverstand entschieden, jetzt aber stieß ich zum ersten Mal an meine Grenzen. Ich konnte nicht überall gleichzeitig sein. Wenn ich beispielsweise im Balzac I war, wusste ich nicht, ob im Balzac II genug Leute waren und ob die auch alles richtig machten. Ich hatte zwar versucht, allen neuen Mitarbeitern meine Ideen, meine Empfindungen, meine Einstellung und die entsprechenden Abläufe und den Service zu vermitteln. Doch wie sie das Gelernte umsetzten, konnte ich nicht genau verfolgen.

Wenn die Gruppe größer wird und man nicht mehr mit jedem so eng zusammenarbeiten kann, wird auch die Übersicht schwieriger. Durch die vielen neuen Leute nahmen Teamgeist und Verantwortungsbewusstsein, die uns in der Gründungsphase zusammengeschweißt und unbewusst so unschlagbar gemacht hatten, spürbar ab. Es machte zwar nach wie vor Spaß, bei Balzac zu arbeiten, doch es war irgendwie unpersönlicher geworden.

Ich stellte fest, dass es immer schwerer wurde, neue Mitarbeiter einzuarbeiten. Früher bin ich ständig danebengestanden und habe falsche Handhabungen sofort korrigiert. Das ging nun nicht mehr. Wenn meine »alten Hasen«, die zweifelsohne Profis auf ihrem Gebiet waren, einen neuen Mitarbeiter anlernten, wurden öfter – unbewusst – wichtige Informationen über die Hintergründe und Bedeutung einer Aufgabe oder eines Handgriffs nicht vermittelt. Neue Mitarbeiter bekamen erklärt: »Das machen wir hier so!« Aber das reichte mir nicht. Ich war und bin der Meinung, dass jeder Mitarbeiter die Bedeutung einer Aufgabe oder Regel verstehen muss, um seine Arbeit gut oder besser machen zu können.

Mitarbeiter sind immer nur so gut wie ihr Training.

Ich brauchte also ein durchdachtes Trainingskonzept, das meinen Ideen und meiner Philosophie ebenso Beachtung schenkte wie den Techniken der Arbeit. Doch woher sollte ich es nehmen? Und das war nicht das einzige Defizit, das ich beheben musste. Mir fehlte die Erfahrung in der Führung von mehreren Betrieben, das wurde mir in den folgenden Wochen immer klarer.

Unsere Organisation, die darin bestand, dass jeder alles machen konnte und darauf achtete, dass alle Aufgaben auch erledigt wurden, funktionierte auf diese Weise nicht mehr. Da wurde durchaus mal vergessen, rechtzeitig Orangen oder Milch zu bestellen, oder ein Laden wurde zu spät geöffnet, weil der dafür Verantwortliche verschlafen hatte. Nicht minder schlimm war aber auch, dass unser Warenverbrauch überproportional zunahm. Kurzum: Es fehlten festgelegte Standards, direkte Kommunikationswege und klare Aufgabenabgrenzungen der einzelnen Positionen. Es war ein kunterbuntes Chaos entstanden, in dem jeder darauf setzte, dass der andere die Aufgabe schon erledigen würde.

Hinzu kam, dass ich hin und wieder feststellen musste, dass Geld in der Kasse fehlte oder nicht auf dem Bankkonto einging. Ich war noch immer etwas blauäugig und wollte einfach nicht glauben, dass mich einer meiner Mitarbeiter ausnutzen und hintergehen würde. Sie schienen mir alle viel zu nett dafür. Aber das eine hat mit dem anderen nichts zu tun, wie ich manchmal leidvoll erfahren musste. Ich hatte auch keine Ahnung, wie ich den Diebstählen vorbeugen könnte. Mein in dieser Zeit noch mechanisches Kassensystem ließ keine Zuordnung der Verkaufserlöse zu den einzelnen Produkten zu. Solange ich ständig präsent war, brauchten wir das auch nicht. Wir benutzten damals alle eine Kasse, die eine meiner Angestellten oder ich täglich abrechnete und zur Bank brachte. Differenzen in der Kasse oder auf dem Konto hatte es in der Anfangszeit kaum gegeben.

Komplexere Systeme erfordern durchdachte Strukturen.

Ich wurde immer ratloser. Wie sollte ich nur die Kontrolle über Stimmung, Kompetenz und betriebswirtschaftliche Abläufe in den beiden Shops ausüben? Eine Frage, auf die ich lange keine Antwort wusste. Es machte mich unglücklich, dass ich nicht überall gleichzeitig sein konnte und dass der Tag nur 24 Stunden hatte. Bisweilen fühlte ich mich überfordert, denn neben dem ganzen administrativen Teil musste ich auch noch dafür sorgen, dass vorne weiterhin der Service und die Qualität geboten wurden, mit denen ich einmal angetreten war. Musste ich hier Abstriche machen und meine Erwartungen zurückschrauben oder gab es vielleicht doch einen Weg, allen Anforderungen gerecht zu werden? Es lief alles irgendwie, aber ich hatte zu viele Baustellen und Brandherde gleichzeitig, die gezielt bearbeitet werden wollten. Ich musste etwas unternehmen.

DIE REIFEPRÜFUNG

Nur wenige Monate nach der Eröffnung, im Herbst 1998, kamen die ersten Kooperationsanfragen. Interessenten riefen an, Anwälte, Gastronomen und Unternehmer aus der Kaffeeindustrie, um sich über Partnerschaften und Beteiligungen an Balzac Coffee zu informieren. Ich lehnte alle Angebote zunächst ab.

Aber als ich den zweiten Laden eröffnet hatte und die Organisation meines Unternehmens mir zu entgleiten drohte, begann ich ernsthaft über die zahlreichen Anfragen nachzudenken. Erfahrungen in der Systemgastronomie waren es, die mir fehlten. Dabei geht es um die effiziente Führung eines Unternehmens mit mehreren Betrieben, die über standardisierte Abläufe und Strukturen verfügen, aber flexibel auf die Bedürfnisse der Kunden reagieren. Dieses Wissen brauchte ich dringend.

Nachdem ich in meiner Analyse so weit fortgeschritten war, nahm ich mir noch einmal die Angebote und Anfragen vor, die in den vergangenen Monaten eingegangen waren und die ich alle akkurat in einem Order abgelegt hatte. Unglücklich über meine begrenzten Fähigkeiten und getrieben von den Sorgen meines Vaters und meiner Schwester, die fürchteten, dass ich mich übernehmen würde, begann ich, mich mit der Partneridee anzufreunden.

Gleichzeitig erkundigte ich mich nach Ausbildungsprogrammen für Systemgastronomen. Vielleicht konnte ich ja beides vereinen: Einen Profi hinzuziehen und parallel selber einer werden.

Als mich schließlich ein Unternehmer anrief, der sich als Franchisenehmer einer der weltgrößten Systemgastronomieketten vorstellte, beschloss ich, wenigstens einmal mit ihm zu reden. Das erste Gespräch fand im August 1999 statt. Er war begeistert von meinem Konzept und schien genau das mitzubringen, was Balzac damals so dringend brauchte: Fachkenntnis im Management von Gastronomieketten und große Finanzkraft. Mir gefielen seine Pläne, denn er wollte nicht bei uns einsteigen, um zwei Coffee Shops mitzubetreiben – er wollte mit uns wachsen und mindestens zehn weitere Shops eröffnen.

Trotzdem war ich auch während der diversen Gespräche noch hin und her gerissen. Einerseits wollte ich mein Unternehmen – mein »Baby« –, das ich aufgezogen hatte, nicht abgeben. Aber andererseits bekam ich plötzlich Angst, eine mögliche größere Entwicklung meines Unternehmens zu blockieren, nur weil ich mich aus egoistischen Motiven daran klammerte. Aber was konnte ich dem Projekt zu diesem Zeitpunkt bieten? Ich verstand die Bedeutung meiner eigenen Position für mein Unternehmen zu diesem Zeitpunkt noch nicht und dachte, viel kann das nicht sein.

Ich ließ also los und nahm schließlich das Angebot an. In diesem Sommer gründete ich mit meiner Schwester Natalia und unserem neuen Teilhaber die Balzac Coffee GmbH & Co. KG. Mein neuer Partner brachte einen seiner, wie er sagte, »besten Männer« mit. Wir ernannten ihn zum General Manager.

Plötzlich hatte bei uns jemand eine Krawatte an! Ich fand den Anblick zwar ungewöhnlich, aber er wirkte unvergleichlich seriös und wichtig. Dass es bald professioneller zuging, war auch nicht zu übersehen. Neue Computer wurden angeschafft, das Büro zog aus dem Zwischengeschoss über dem ersten Laden in größere Büroräume in der Hamburger City. Die Verwaltung meines neuen Partners überarbeitete unsere Buchhaltung nach den Prinzipien der Systemgastronomie. Ein Intranet wurde aufgebaut, das die Daten beider Läden zentral zusammenführte. Der neue Server hatte in unserem neuen Büro sogar seinen separaten Raum – Großes sollte kommen! Und dass mein neuer General Manager mit einem großen BMW-Firmenwagen zur Arbeit kam, während ich weiterhin mit öffentlichen Verkehrsmitteln fuhr, war zwar etwas komisch, aber mir war klar, dass guten Leuten auch etwas geboten werden musste, um sie für die Sache zu begeistern. Es erschien mir zu der Zeit logisch.

Parallel suchte ich nach Gastronomiefortbildungen. Heute kann man sich in Deutschland zum Systemgastronomen ausbilden lassen, damals gab es diesen Lehrgang leider noch nicht. Also suchte ich in anderen Ländern und da ich ein amerikanisches Konzept aufgebaut hatte und viele Inspirationen aus meiner Zeit in New York holte, kamen für mich die USA schnell in Frage. Das Land, in der die Systemgastronomie entstanden ist. Alleine das war schon ein guter Grund, dort zu lernen. Aber ich fand auch den Serviceansatz der Amerikaner im Vergleich zu uns um einiges wirkungsvoller. In New York waren die Angestellten immer effizient und kompetent und man hatte den Eindruck, dass sie jede Aufgabe mit der größtmöglichen Gewissenhaftigkeit angingen. Ich war der festen Überzeugung, dass unsere Mängel nur an unserem falschen Training lagen und dass auch wir gute Servicekräfte sein konnten, wenn wir nur wollten. Also musste ich herausfinden, was die Amerikaner anders machen. Ich wollte wissen, ob es ein Geheimrezept für guten Service gibt. Mein Freund Jameel gab mir den entscheidenden Tipp: Die Cornell University in einer kleinen Stadt in Ithaca im Bundesstaat New York war bekannt für ihre guten Ausbildungsprogramme in der Servicebranche und bot mir genau das, was ich zum Verständnis einer Ladenkette brauchte. Ich schwor mir zwar, dass es das letzte Mal sein würde, dass ich freiwillig eine Schule betrat, aber es schien die einzig richtige Entscheidung zu sein, und Jameel und ich konnten endlich einmal wieder einige Zeit am gleichen Ort verbringen.

In den letzten Wochen in Hamburg versuchte ich, all mein Wissen an meinen General Manager weiterzugeben und ihm meine bisherigen Aufgaben zu übergeben. Damit sollte er die besten Voraussetzungen haben, Balzac in meinem Sinne während meiner Abwesenheit weiterzuführen und die Expansion voranzutreiben. Er wurde der offizielle Ansprechpartner und ging in seiner Rolle auf. Nur ein einziges Mal bekam ich für einen kurzen Moment echte Zweifel, ob mein Weggehen der Firma guttun würde. Zufällig hörte ich, wie unser neuer General Manager reagierte, als er von den Servicemitarbeitern gebeten wurde, kurz bei einem unerwarteten Kundenansturm auszuhelfen. Es war üblich bei uns, dass ich sofort mithalf, wenn Bedarf bestand. Doch er, als neuer Geschäftsführer, lehnte schlicht ab: »Nein, jetzt geht es nicht, ist gerade schlecht« – das verschlug mir die Sprache und ich machte ihm klar, dass diese Haltung nicht meiner Philosophie entspricht. Ich hatte den Servicegedanken meiner Mitarbeiter so vorbildlich geprägt und er sagte indirekt, »dann müsst ihr eben einen Kunden weniger bedienen«. Ich fragte mich, ob der Job wirklich seinen Vorstellungen entsprach. Aber ich verwarf den Gedanken, vielleicht war ich ja nur überempfindlich. Ich hatte mein Unternehmen schließlich Systemprofis anvertraut. Da konnte nichts schiefgehen!

In der Hoffnung, dass sich schon alles zurechtbiegen würde, packte ich also meine sieben Sachen und kehrte zurück in das Land der Ideen. Im September 1999 begann mein Studium.

Jameel und ich suchten uns eine Wohnung außerhalb des Universitätsgeländes. Ich schaffte mir in Erinnerung an unser erstes Balzac-Lieferauto einen schwarzen VW-Beetle an, denn ohne Auto steht man in den ländlichen Gebieten der USA auf ziemlich verlorenem Posten. Der Umzug aufs Land stellte zwar einen radikalen Bruch zu meinem bisherigen Stadtleben dar, doch ich genoss die Ruhe in unserem neuen Heim. Der Stress der vergangenen Monate fiel bald von mir ab.

Ich entdeckte das amerikanische Landleben und stellte überrascht fest, dass ich es sogar spannend fand. In jedem Laden, egal ob Restaurant oder Supermarkt, holte ich mir neue Anregungen für Balzac. Auch wenn ich nun offiziell Studentin war, sammelte ich doch unbewusst überall Ideen: Hier waren es Produkte, die besonders schön präsentiert waren, da eine auffällig bemalte Menütafel. Mehr noch als in New York fiel mir jetzt auf, wie geschickt und gezielt in all diesen verschiedenen Restaurants und Läden Marketing betrieben wurde.

An den ersten Tagen an der Uni kam ich mir vor wie in einem US-College-Film. Wir bekamen eine Campus-Tour und unseren Schulpullover. Ich sah mich schon in einem Cheerleader-Outfit enden, aber dazu kam es glücklicherweise nicht. Die erste Woche verbrachten wir in einem Assessment Center und mit gruppendynamischen Spielen zur Teambildung. Ich war so motiviert, dass ich buchstäblich nichts in Frage stellte. Aber warum sollte ich auch? Es macht viel mehr Spaß, Neues unvoreingenommen zu akzeptieren, als sofort alles kritisch unter die Lupe zu nehmen.

Und ich machte dabei interessante Bekanntschaften. Fast 50 Prozent der Studenten waren internationaler Herkunft – aus den verschiedensten Ländern Asiens, Südamerikas und Europas. Ich lernte dabei viel über die Gewohnheiten und die Kultur ihrer Länder. Es war wie ein Blick durch das Fenster zur Welt, denn schon bedingt durch die Thematik unseres Studiums konnte ich sehen, wie Gastronomie- und Hotelkonzepte in vielen verschiedenen Ländern gehandhabt wurden. Diese Erfahrungen erweiterten mein Verständnis und ließen mich umso mehr daran glauben, dass es auch in Deutschland ging.

Wie in allen amerikanischen Schulen wurde auch in Cornell der Teamarbeit größte Bedeutung beigemessen. Das Lernpensum und die Projekte, die wir für den Unterricht stemmen mussten, ließen sich von einem Studenten allein nicht bewältigen, sie erforderten intensive Gruppenarbeit und oft genug auch Nachtschichten. Der konstante Arbeitsdruck schweißte uns zusammen und natürlich spielte Kaffee eine große Rolle. Ich machte sie alle zu echten Kaffee-Liebhabern. Und im Gegenzug lehrten sie mich die indische und andere asiatische Küchen lieben.

Obwohl ich eigentlich von meinem ersten Schultag in Deutschland an ein Schulmuffel war, stellte ich überrascht fest, dass mir die amerikanische Art der Wissensvermittlung sehr gefiel. Cornell verstand sich als Dienstleistungsbetrieb, der alles daransetzte, die Wünsche seiner Kunden – also der Studenten – zu erfüllen. Dazu gehörte auch der enge Kontakt zu den Professoren, die alle Bürozeiten anboten, in denen man Fragen zum Unterricht oder zu den Hausaufgaben stellen konnte. Das verbesserte nicht nur die Lernsituation, sondern förderte auch ein kollegiales Miteinander.

Die meisten Professoren waren zudem neben ihrem Lehrauftrag unternehmerisch tätig – oft als Unternehmensberater. Sie kannten die Praxis und waren gern bereit, ihre Erfahrungen und Erkenntnisse in Controlling, Personalmanagement, Marketing und EDV mit uns Studenten zu teilen. Von diesen Gesprächen profitierte ich besonders. Viele Projekte mussten sogar in Einzelworkshops mit einem Professor, den man selbst wählen konnte, bearbeitet werden. Später schrieb ich unter solchen Bedingungen meine Abhandlung über den Wachstumsprozess von Balzac von einer Einpersonengesellschaft zur Multi-Unit-Organisation.

Weihnachten 1999 kam ich zum ersten Mal seit dem Studienbeginn wieder nach Hamburg. Ich konnte es kaum erwarten, meinen alten Shop und meine Mitarbeiter wiederzusehen, und fuhr direkt vom Flughafen dort hin. Kaum, dass ich den Laden betreten hatte, bereute ich schon meinen Überraschungsbesuch. Von den jungen Leuten, die hinter dem Tresen standen, kannte mich keiner mehr. Für sie war ich ein normaler Kunde.

Ich fiel emotional in ein tiefes Loch. Unser General Manager hatte weitgehend eine neue Mannschaft eingestellt. Auf der Weihnachtsfeier konnte ich die Mitarbeiter von früher an einer Hand abzählen und die meisten anderen wussten nicht, was sie mit mir anfangen sollten. Aber es war sein gutes Recht, eigene Leute um sich zu versammeln, und ich versuchte, die Entwicklung positiv zu sehen.

Doch als ich dann das erste Mal wieder unsere Zahlen sah, hatte ich das Gefühl, als hätte mir jemand den Teppich unter den Füßen wegzogen. Das Unternehmen, das ich profitabel übergeben hatte, war tief ins Minus gerutscht. Die Firma machte monatlich unfassbare Verluste. Ich war außer mir. Wie konnte das passieren? Der General Manager erzählte vom Aufbau einer großen Verwaltung und von Ausgaben für die geplante Expansion. Seine Ausführungen klangen logisch und viele Ausgaben waren berechtigt. Doch es ging mir nicht in den Kopf, wie meine beiden ersten Läden so derartig hohe Verluste erwirtschaften konnten ...! Hatte die Welt während meiner Abwesenheit plötzlich aufgehört, Kaffee zu trinken? Das war kein schöner Auftakt fürs Jahr 2000. Ich konnte nicht mehr ruhig schlafen, aber ich entschied, der Sache etwas Zeit zu geben. In der Erwartung, dass sich die Lage in den folgenden Monaten wieder beruhigen würde, flog ich in die USA zurück und begann mein zweites Semester. Allerdings mit einem weniger guten Gefühl. Natürlich kreisten meine Gedanken wieder um Balzac. Nicht zuletzt, weil bereits sechs weitere Läden angemietet waren. Wenn die dann auch so schlecht liefen, würde ich bald auf unfassbar hohen Schulden sitzen.

Aber es wurde alles andere als besser. Im Mai war ich wieder zurück in Hamburg und mich traf ein noch härterer Schlag, die Zahlen waren noch schlechter geworden und in den Läden schien das Chaos ausgebrochen. Die alten und neuen Shops wirkten vernachlässigt, die Getränke schmeckten anders als früher, die Rezepte stimmten nicht mehr und der Service hatte vieles von seiner früheren Besonderheit verloren. Die organisatorischen Probleme der zwei Läden waren schlichtweg vervierfacht worden, denn nun betrieben wir schon acht Läden.

Wir machten in diesem Sommer monatlich so hohe Verluste wie im ganzen Jahr zuvor Gewinn. Was war bloß passiert? Ich konnte mir diese fatale Entwicklung nicht erklären. Aber meine eigene Existenz und die meiner Schwester hingen davon ab, sodass ich sofort etwas unternahm. Instinktiv begann ich, mich wieder in alles einzumischen. Welches Reinigungsmittel wir benutzten oder welche PC-Bildschirme gekauft werden sollten – alles lief über meinen Tisch.

Natürlich belastete meine Einmischung die Stimmung innerhalb der Firma enorm. Viele fragten sich: »Wer ist diese Frau, die plötzlich alles bestimmt und zu allem ›Nein‹ sagt?« Meine eigene Sache war mir fremd geworden und die Mitarbeiter kannten mich und meine Idee nicht mehr.

Wie abzusehen, endete die verzwickte Situation in einem großen Eklat. Der General Manager sah keine Zukunft mehr für sich und verließ Balzac. Ich stand alleine vor dem Scherbenhaufen. Ich fühlte mich überdies in meinem eigenen Unternehmen total unerwünscht. Ich hatte das Gefühl, die ganze Welt stand gegen mich.

Im Rückblick hat sich die damalige Situation natürlich etwas relativiert. Balzac war zu jung und die Expansion zu schnell gewesen. Die innere Organisation war nicht parallel mit der Anzahl der Läden gewachsen und die zahlreichen neuen Shops hatten alle überfordert. Mitarbeiter und Logistik konnten den überdimensionalen Kraftakt schlichtweg nicht bewältigen.

Wieder stand ich damals an einer Stelle, an der ich beweisen musste, dass das Unmögliche machbar ist. Meine Schwester und mein Partner setzten alle Hoffnung in mich, die acht Läden aus der Verlustzone zu bringen, und ich wollte gleichzeitig unseren alten Spirit wiederfinden. Nur mit ihm, davon war ich überzeugt, konnte ich diese unmögliche Aufgabe bewältigen.

Stets Unmögliches anstreben,
um Größtmögliches zu erreichen.

Aber wie? Ich hatte immer noch ein Jahr zu studieren. Zunächst zog ich in Erwägung, mein Studium einfach abzubrechen, doch das wollte ich erst dann entscheiden, wenn mein neues Semester im September beginnen würde.

ZURÜCK ZU DEN WURZELN

Damals sah ich mich gezwungen, einfach nur zu handeln und einen deutlichen Neuanfang zu starten. Ich folgte dem eindringlichen Rat meiner Mutter: »Geh ein Problem nach dem anderen an und löse sie Schritt für Schritt.« So begab ich mich als Erstes auf die Suche nach einem neuen Managementteam, wieder mit mir an der Spitze.

Ich wählte die Mitglieder dieser Führungsgruppe sehr vorsichtig aus. Nie wieder wollte ich an den Punkt kommen, an dem ich gerade gestanden hatte. Mit dem neuen, schlagkräftigen Team wollte ich das Konzept und den besonderen Teamgeist, der uns in der Gründungsphase so motiviert und getragen hatte, wiederbeleben. Einige Mitarbeiter, die weiterkommen wollten und bewiesen hatten, dass sie in Problemen Herausforderungen sahen, holte ich aus den eigenen Reihen neben mich und andere kamen neu dazu. Meine beiden engsten Mitarbeiter und viele aus dem heutigen Führungsteam stammen aus dieser Zeit. Ralf zum Beispiel, heute einer meiner engsten Vertrauten bei Balzac und zuständig als Commercial Director, stieß damals zu uns und zeigte sofort offenes Entsetzen über die chaotischen Abläufe in unseren Läden. Unmittelbar setzten er und auch andere neue Mitarbeiter vom Fach ihre operativen Erfahrungen ein und begannen, Brandherde an allen Stellen zu lokalisieren und zu löschen. Die Energie, die die neuen Leute in unsere Situation einbrachten, entfachte auch bei den älteren Mitarbeitern frischen Mut und sie begannen der Sache neuen Glauben zu schenken.

Im Herbst rieten mir dann meine Professoren, die Ausbildung fortzusetzen, und ich hatte inzwischen eine so enge Vertrauensbasis mit meinem neuen Team geschaffen, dass ich den Schritt ein zweites Mal wagte.

Natürlich waren die folgenden Monate kein Zuckerschlecken – weder für meine Leute noch für mich. Ich lebte im Dauer-Jetlag durch die vielen Besuche zurück in der Heimat und die Zeitverschiebung von sechs Stunden erschwerte zudem jegliche Terminplanung. Jeden Morgen um sechs Uhr telefonierte ich mit meinen Mitarbeitern und wöchentlich bekam ich sämtliche Berichte. Dadurch wusste ich zwar immer, was in Hamburg passierte, und es gab mir wenigstens ein bisschen das Gefühl, ihre Tage mitzuerleben, aber ich konnte ihnen nicht tatkräftig zur Seite stehen. Sie meisterten ihre Aufgabe, die Firma am Laufen zu halten, souverän und mit größter Loyalität.

Ich dagegen führte ein regelrechtes Doppelleben. Tagsüber saß ich im Hörsaal als eine Studentin von vielen, abends und morgens (und manchmal auch dazwischen) war ich wieder die Firmenchefin und fällte unternehmerische Entscheidungen. Der ständige Rollenwechsel war zuweilen selbst für mich verwirrend. Manchmal hatte ich gerade ein wichtiges Telefonat in einer Pause über unsere aktuelle Promotion erledigt, in der nächsten Minute beschäftigte ich mich wieder mit der Theorie des Marketing für Menükarten oder mit IT-Systemen für ein Full-Service-Restaurant.

Im Nachhinein war es eine wertvolle Erfahrung. Ich habe damals viel gelernt. Alle Anregungen und Ideen aus dem Unterricht, die unmittelbar umgesetzt werden konnten, gab ich sofort nach Hamburg weiter. So wurde beispielsweise die jeweilige Tagesaufgabe an den Pinnwänden in den Shops ausgehängt und für die Reinigung der Geräte – Espressomaschinen, Kühlschränke, Vitrinen – wurden Wochenpläne erstellt. Größere Projekte, wie die Einführung eines Warenwirtschaftssystems, behielt ich mir für meine Rückkehr vor.

Rückschläge bieten immer die Möglichkeit, es noch mal besser zu machen.

Im Mai 2001 war es endlich so weit, ich hielt mein Diplom in den Händen. Zwei Tage später saß ich wieder im Flugzeug und am nächsten Morgen an meinem Schreibtisch im Balzac-Büro. Jetzt konnte ich endlich tun, was getan werden musste. Ich setzte alles um, was ich in Cornell gelernt hatte. Ich konsolidierte, strukturierte, organisierte und baute endlich auch das operative Controlling auf, um Organisation und Warenströme in meinem Unternehmen in den Griff zu bekommen.

Ich legte Verantwortungsbereiche fest und strukturierte die Positionen der Mitarbeiter neu. Jeder Laden erhielt beispielsweise einen Store-Manager und der wiederum bekam einen Assistenten. Bald gab es auch Gebietsleiter, die mehrere Läden operativ betreuten. Das Kassensystem wurde überarbeitet und die Warenbestände wurden von einem System verwaltet. Es wurde leichter, die Warenflüsse nachzuvollziehen und zu planen. Diese gravierenden Strukturänderungen und die neue Personalverteilung kreierten in jedem Shop wieder die vergleichbare kleine Oase, die ich früher in meinem ersten Laden aufgebaut hatte. Die neue Verantwortungsverteilung und enge Teamarbeit machten die Arbeit in den Läden außerdem organisierter und einfacher. Plötzlich gab es auch viel weniger Kassenfehlbeträge als früher.

Ein starkes Team ist das Geheimnis
jeder erfolgreichen Unternehmung.

Auch den Grundstein für unser heutiges Balzac-Training legte ich in jenen Monaten nach meiner Rückkehr. Ich hatte ja bereits bei zwei Läden erkannt, wie wichtig die gute Einarbeitung neuer Mitarbeiter war, und während meines Studiums hatte ich – wenigstens in der Theorie – Einblick erhalten, wie Trainingsprogramme aufgebaut sein müssen.

DER PERFEKTE MILCHSCHAUM

Der perfekte Milchschaum hat eine dichte Konsistenz mit kleinen, feinen Blasen. Er ist cremig-sahnig, schmeckt leicht süßlich und ist zum Löffeln lecker!

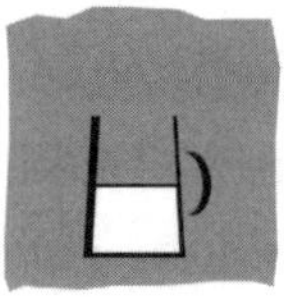

1. Schritt: Fülle kalte Milch in einen Edelstahlbehälter. Achte darauf, dass der Behälter nur halb voll ist, da sich die Milch beim Schäumen ausdehnt.

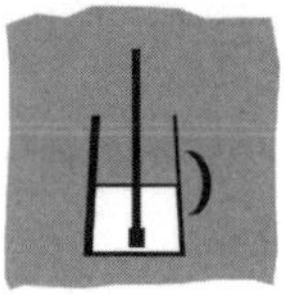

2. Schritt: Tauche das Ende des Dampfhahns ganz bis zum Boden des Edelstahlbehälters ein. Beginne mit dem Schäumen.

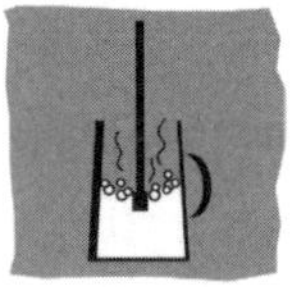

3. Schritt: Ziehe die Dampfdüse jetzt bis kurz unter die Oberfläche der Milch. Achte darauf, dass die Milch gleichmäßig zirkuliert, dabei ein kleiner Strudel zu sehen und ein leises Zischen wahrzunehmen ist.

Halte den Edelstahlbehälter ganz ruhig und ziehe ihn gleichmäßig mit der aufsteigenden Milch nach unten, damit sich die Dampfdüse stets unter der Milchoberfläche befindet.

4. Schritt: Damit der Milchzucker nicht verkocht und der Schaum den fein-süßlichen Geschmack behält, ist es wichtig, die Milch bis maximal 65°C zu erhitzen. Benutze ein Thermometer.

5. Schritt: Ist die Milch geschäumt, stoppe die Dampfzufuhr und ziehe den Dampfhahn aus der Milch. Öffne das Dampfventil nochmals, um Milchrückstände aus der Düse zu entfernen und reinige den Hahn.

6. Schritt: Abschließend klopfe mit dem Milchbehälter auf den Tisch, um so Blasen zu zerplatzen und den Milchschaum zu festigen. Er sollte eine cremig-sahnige Konsistenz haben.

BALZAC BUSINESS BASICS – MEINE GRUNDSÄTZE ALS UNTERNEHMERIN

DER JOB, EIN GUTER CHEF ZU SEIN – AUS MEINER SICHT

Sie sind die Seele eines jeden Unternehmens. Nur mit guten und zufriedenen Mitarbeitern kann eine Unternehmung erfolgreich sein. Damals wie heute geht es nicht nur um vertragliche oder gesetzliche Bestimmungen, sondern vor allem um Menschen und ihre Bedürfnisse – um die des einzelnen Individuums und die des gesamten Teams. Der Erfolg von Balzac steht und fällt mit seinen Mitarbeitern – das war mir von Anfang an klar. Denn was bringt uns der feinste Espresso oder die schönste Einrichtung, wenn die Menschen hinter dem Tresen unmotiviert sind, weil sie sich nicht wohlfühlen? Wenn ich sie nicht von mir und meiner Philosophie überzeugen kann, können sie weder ihre Aufgaben gut erfüllen noch die Kunden überzeugen.

Deshalb wollte ich den Menschen, die bei mir arbeiten, Bedingungen bieten, unter denen sie sich wohlfühlen, damit sie wirklich gerne zur Arbeit kommen (auch wenn es nur ein Job ist!) und sich mit der Firma und dem Produkt identifizieren können! Ein großes Ziel und natürlich eine noch größere Herausforderung – jeden Tag wieder neu!

Dazu legte ich mir einige Prinzipien zurecht, die ich beherzigen wollte:

- Respekt
- Toleranz
- Fairness
- Ehrlichkeit

Aber die Umsetzung ist manchmal schwieriger, als man denkt. Denn als »Chefin« sieht man sich oft dem Konflikt zwischen Freundin und Vorgesetzter ausgesetzt. Schließlich möchte man gemocht werden und Emotionen sind deshalb ebenso dabei wie gesetzliche Regelungen, die es einzuhalten gilt. Und auch wenn ich die Trennung anfangs, vielleicht aufgrund meiner geringen Erfahrungen, noch nicht derart ziehen konnte, bin ich davon überzeugt: Es hätte in dieser Zeit nicht anders laufen dürfen. Nur durch diese enge Bindung holten wir aus jeder Situation das Beste heraus und führten Balzac so synchron, was letztlich bedeutet: Enge Bindungen können manchmal auch etwas Gutes haben.

Doch in keiner anderen Phase macht eine Firma so gravierende Veränderungen durch wie in den ersten paar Jahren nach der Gründung. Sie wird mit wachsender Mitarbeiteranzahl auch gleichzeitig unpersönlicher. Plötzlich ist es schwierig, zu allen das gleiche Verhältnis aufzubauen. Um aber dem Gebot der Fairness und Gleichbehandlung gerecht zu werden, muss man einen Weg finden, der niemanden ungerechtfertigt favorisiert. Regeln, die den Umgang und die Zusammenarbeit strukturieren, werden mit zunehmender Größe immer wichtiger.

Ich entwickelte also meinen Führungsstil über die Jahre und habe dabei stets versucht, aus dem Verhalten meiner Mitarbeiter mir gegenüber zu lernen. Immer wenn es falsch lief, habe ich reflektiert, was ich nächstes Mal besser machen könnte.

Dabei ist es schon schwer genug für einen selbst, ständig die Strategie und Perspektiven im Auge zu behalten. Aber noch viel komplizierter ist es für die Mitarbeiter, die sich den veränderten Bedingungen anpassen müssen. Plötzlich passt auf einmal nicht mehr, was vorher passte, weil sich Anforderungen oder Aufgabenbereiche erweitern und mehr von allen fordern. Mitarbeiter müssen mitwachsen, und das ist manchmal in der Praxis nicht leicht zu realisieren. Früher hat es bei uns beispielsweise ausgereicht, wenn jemand ein operatives Händchen hatte, um einen Laden zu führen. Heute gehören aufgrund der erweiterten Aufgaben betriebswirtschaftliche Kenntnisse dazu. Viele junge Firmen haben in den ersten Jahren, bedingt durch derartige Veränderungen, eine erhöhte Mitarbeiterfluktuation. Und doch sollte man sich unbedingt nach jeder Kündigung fragen, was schiefgelaufen ist und was man beim nächsten Mal besser machen kann, denn jede Kündigung ist ein kleiner Rückschlag. Sie sagt immer aus, dass jemand in seinem Job für sich keine Zukunft mehr sieht – und in einem Unternehmen mit Perspektive auf starkes Wachstum ist das eigentlich ein Paradox.

Sich immer wieder selbst prüfen.

Vielleicht bin ich auch heute für viele immer noch nicht die perfekte Chefin, aber wie in allen sozialen Beziehungen kommt es letztendlich auch auf die Chemie an. Und in den letzten Jahren habe ich in dieser Hinsicht doch recht viel dazugelernt. Ich war erst Freundin, dann Unbekannte – heute versuche ich die Balance zu halten zwischen »gemocht werden« und »Autorität behalten«. Das fällt mir nicht immer leicht, doch inzwischen besitze ich mehr Routine. Ich schätze die Zeit, die ich mit meinen Mitarbeitern im Job verbringe, und bin dabei oft auf persönlicher Ebene mit ihnen verbunden. Ich habe aber auch gelernt, dass die Menschen ihren eigenen Weg gehen wollen und dass dieser sie vielleicht eines Tages wieder von Balzac wegführt. Ich konzentriere mich dann auf das, was wir uns gegenseitig gegeben haben und was ich zukünftig anderen bieten kann.

Da ich inzwischen leider nicht mehr die Zeit habe, jedem Kunden seinen Kaffee selbst zu brühen, richte ich stattdessen mein ganzes Augenmerk auf meine Mitarbeiter. Ich versuche, ihnen genau die gleiche Energie zukommen zu lassen, die meine Barista jedem einzelnen Kunden entgegenbringen sollten.

WAS AM ANFANG ALLES RICHTIG GEMACHT WERDEN MUSS

Das Gefühl, das Mitarbeiter am ersten Arbeitstag mitnehmen, prägt ihre Einstellung zum Unternehmen am meisten. Doch nicht nur die Firma muss ihnen etwas bieten können. Ich setze eine richtige Arbeitseinstellung grundsätzlich voraus. Ich erwarte von einem neuen Mitarbeiter, dass er sich letztendlich darüber im Klaren ist, was für einen Job er sich ausgesucht hat und was ihn dort erwartet. Ich gebe hierfür durch Gespräche und Probearbeiten gerne jede Hilfestellung, den Job kennenzulernen, und verlange im Gegenzug aber auch ein ehrliches Streben nach den neuen Aufgaben. Für mich ist die innere Einstellung ebenso wichtig wie Fähigkeiten. Ich will keinen bei mir beschäftigen, der den Job an sich »blöd« findet, denn das ist in meinen Augen beidseitig verschwendete Energie.

Im Grunde hat jede Art von Arbeit ihre Vor- und Nachteile und man kann sich vorher – oder auch dabei – überlegen, ob man sich dem aussetzen möchte, und dann entsprechende Konsequenzen ziehen. Die jungen Leute, mit denen ich arbeite, haben keine Angst vor ihrer Zukunft, und sie wissen, was sie wollen. Das zeichnet sie aus, aber das bedeutet auch: Um sie motivieren zu können, sollten sie motivationsbereit sein. Sie müssen den Job grundlegend mögen und neuen Ideen gegenüber stets aufgeschlossen sein.

GRUNDLAGEN DES MITARBEITERTRAININGS

Bevor unsere neuen Mitarbeiter an die Getränkezubereitung gehen, erhalten sie umfangreiche Produkt- und Serviceschulungen, die ich damals als ersten Schritt entwickelte. Ich war in Amerika auf der Suche nach dem Geheimrezept für guten Service gewesen und kam zurück mit einem Korb voller Ideen fürs Training. Inzwischen war ich der festen Überzeugung, dass gutes Mitarbeitertraining die Grundlage für guten Service ist, und bis heute glaube ich an den Satz: »Jede Firma ist nur so gut wie ihr schwächster Mitarbeiter.« Er ist zwar ein Klischee, aber für mich total logisch und eine Grundregel, nach der ich arbeite.

Inzwischen gibt es bei Balzac für jeden Bereich spezielle Trainingsprogramme. Etwa die Ausbildung zum Barista, der die Espressomaschine bedient und sonst alle Servicearbeiten erledigt. Er oder sie muss ein circa sechswöchiges Trainingsprogramm absolvieren, während er zwar schon im Shop arbeitet, aber parallel in unserem Trainingscenter in Theorie und Praxis ausgebildet wird.

Die Manager dagegen durchlaufen ein dreimonatiges Training, das sich ebenfalls aus Theorie und Praxis zusammensetzt. Dabei absolvieren sie zunächst das Barista-Basistraining und werden darüber hinaus weitere sechs Wochen in Bereichen wie Personalführung und -coaching oder Warenwirtschaft ausgebildet. Während der gesamten Zeit werden sie intensiv von einem persönlichen Mentor begleitet.

DEN JOB RICHTIG BEWERBEN

Der erste Eindruck, den ein Mitarbeiter von seinem neuen Job gewinnt, ist ebenso entscheidend wie der des Kunden beim Betreten des Ladens. Wir müssen schon beim ersten Kontakt einladend wirken und den Job an sich »bewerben«. Wir müssen dem Mitarbeiter suggerieren: »Dieser Job ist toll und du willst ihn!« Und natürlich müssen wir auch hier mit Ehrlichkeit hinter einer Überzeugung stehen.

Mit der ersten Minute des Probearbeitens beginnt das Training und schon hier ist unerlässlich, was viele gerne falsch machen:

Erwartungen immer klar definieren!

Kein Unterricht oder Praktikum, das ich vor Cornell besuchte, hat diese Regel je beherzigt. Egal wie groß oder klein die Firmen, Kurse oder Schulen waren, mir war es meistens selbst überlassen, mich am Anfang zurechtzufinden. Die Konsequenzen davon sind eigentlich in sich so logisch: Wenn ein Mitarbeiter nicht weiß, was von ihm kurz-, mittel- oder langfristig erwartet wird, kann er auch nicht danach streben. Und noch schlimmer, es scheint eher an der Tagesordnung zu sein, neue Leute auflaufen zu lassen.

Ich gebe zu, dass ich diese Lektion auch erst lernte, als ich dieselbe Situation in meinen eigenen Shops beobachten musste, als ein neuer Mitarbeiter zur Probearbeit kam. In dieser Testphase steht vor allen Dingen das gegenseitige Kennenlernen im Vordergrund und es werden nur leichte Arbeiten, wie Tische säubern oder einfache Servicearbeiten, übertragen. In diesem speziellen Fall bekam ich zufällig mit, wie ein älterer Mitarbeiter sagte: »Mal sehen, ob er danach fragt, wo der Wischlappen ist.« Was sollte das heißen? Sofort klärte ich, ob dem Probearbeiter denn gezeigt wurde, wo Wischlappen zu finden sind und was er damit machen sollte! Er hatte seine Erwartungen nicht klar gesetzt bekommen, wie sollte er da seine Aufgabe gut umsetzen können? Der Fokus lag nicht, wie gewünscht, auf der Sache, sondern völlig verkehrt auf dem persönlichen Status des Mitarbeiters. Mit solchen Egotrips kommen wir nicht weit. Ich verbesserte darauf unser Training, denn auch der Umgang miteinander ist erlernbar. Probearbeiter sind potenzielle Teammitglieder und vielleicht schlummert in ihnen sogar ein künftiger Servicechampion! Also müssen wir unser Bestes tun, damit sie gerne ihr Können bei uns unter Beweis stellen. Nicht zu vergessen ist auch, dass ein neuer Mitarbeiter an diesem ersten Tag entsprechend nervös ist, weil er sich einer Prüfung unterzieht. Umso mehr muss man sich seiner annehmen. Einem Probearbeiter am ersten Tag ein schlechtes Gefühl oder eine unangenehme Erfahrung (auflaufen lassen gehört dazu) zu vermitteln ist ein Schuss ins eigene Knie: Entweder er fängt gar nicht erst an oder startet mit einem vorbelasteten Gefühl in den Job. Ist es nicht viel besser, wir zeigen Probearbeitern richtig, wie sie ihre Aufgaben machen sollen, nehmen sie an die Hand und betreuen sie? Dazu gehört, dass man auf sie vorbereitet ist, ihre Namen kennt und dass alle Bescheid wissen. Alle Mitarbeiter sollten sich generell vorstellen und den Ablauf mit einem Probearbeiter kennen, damit sie ihm zur Seite stehen können. So bauen wir motivierte Mitarbeiter auf: Es einfach richtig machen und die eigene Eitelkeit beiseiteschieben. Wir vergeben uns nichts, wenn wir nett sind!

LOB, KRITIK UND MOTIVATION

Am Anfang sind neue Mitarbeiter hoch motiviert – eigentlich klar! Sie haben einen neuen Job begonnen, den sie gut machen wollen. Dass sie erst mal noch nicht alles können, ist ihnen dabei bewusst, und sie nehmen Korrekturen und Kritik daher leicht an. Zu keiner anderen Zeit werden sie je wieder jeden Rat wie ein Schwamm aufsaugen, denn sie haben es eilig, besser zu werden. Das kommt der Sache entgegen, denn gerade zu Beginn ist es sehr wichtig, genau zu benennen, was noch nicht ganz passt. Hat der neue Mitarbeiter erst einmal eine falsche Handhabung erlernt, ist es enorm schwierig, seine Gewohnheiten wieder zu ändern. Deshalb sollte dem Training neuer Mitarbeiter größere Aufmerksamkeit gewidmet werden. Man macht es sich, dem Mitarbeiter und dem Team damit später sehr viel leichter.

Ich sehe meine erste Aufgabe als Vorgesetzte darin, das richtige Team zusammenzustellen und es zu führen. Wie schon erwähnt müssen neue Mitarbeiter nicht nur die richtigen Fähigkeiten mitbringen, sondern auch den Optimismus des bestehenden Teams teilen, damit alle gut miteinander arbeiten und umgehen können. Ein richtig zusammengestelltes Team ist sich gegenseitig Vorbild und motiviert sich aus sich selbst heraus.

Aber wodurch motiviert man Mitarbeiter langfristig?

In all den Jahren habe ich immer wieder eine Beobachtung gemacht:

Das Übernehmen von Eigenverantwortung und das damit in die Mitarbeiter gesetzte Vertrauen ist eine ihrer größten Motivationsquellen.

Als ich damals mein zweites Studienjahr begann, übertrug ich meinen neuen Mitarbeitern die Verantwortung für die Tagesgeschäfte bei Balzac. Sie wollten nicht nur mich überzeugen, dass sie den Job gut machen konnten, sie wollten es auch sich selbst beweisen. Dabei kann von großer Bedeutung sein, jemandem etwas zu übergeben, was er vielleicht vorher noch nie gemacht hat. Denn manchmal machen wir gerade dann die größten Fehler, wenn wir meinen, wir wüssten, wie es geht. Ich versuche, meine Mitarbeiter oft vor neue Herausforderungen zu stellen, die auf ihren bisherigen Tätigkeiten aufbauen. Wenn eine Aufgabe oder Verantwortung neu ist, richten wir uns nach vorgegebenen Maßstäben, sind verstärkt bemüht, unsere Arbeit in diesem Sinne erfolgreich umzusetzen, und gehen die Sache dabei mit der größtmöglichen Aufmerksamkeit an.

Als Resultat sind die Mitarbeiter eng mit ihren Aktionen verbunden und automatisch verantwortlich für ihre Ergebnisse. Hierbei ist es, sowohl für den Arbeitnehmer als auch für den Arbeitgeber, wichtig, dass Resultate messbar sind. Dafür muss man natürlich Erwartungen und Ziele vorher klar definiert haben, sonst weiß der Mitarbeiter nicht, wie er die Sache angehen soll, und der Vorgesetzte kann die Leistungen nicht richtig beurteilen.

Klare Erwartungen helfen den Mitarbeitern, ihre Aufgabe zum Erfolg zu führen.

Wenn ich beispielsweise einem Mitarbeiter lediglich sage »Halte den Laden sauber«, stelle ich keine klare Aufgabe, die ich nachher mit einem Ergebnis vergleichen kann, denn Sauberkeit ist relativ. Wenn ich aber dem Mitarbeiter im Einzelnen nenne, welche Maschinen oder Bereiche gereinigt werden müssen, und ihm vorher die Durchführung im Detail gezeigt habe, haben wir beide eine Grundlage, nach der wir anschließend das Ergebnis messen können.

Im Grunde habe ich damit indirekt auch schon gesagt, dass Feedback auf Leistung fundamental wichtig ist. Sie hilft dem Mitarbeiter zu wissen, wo er steht und wo er noch hin sollte. Es zeigt außerdem, dass man sich mit ihm beschäftigt, und das ist wichtig. Dieser Moment bietet darüber hinaus die Möglichkeit, Anerkennung auszusprechen.

Anerkennung ist neben den neuen Herausforderungen natürlich ein weiterer großer Motivationsfaktor. Viele wissen das, nutzen es aber in der Praxis trotzdem zu selten. Das ist vielleicht in der Anfangszeit, wenn sich der Mitarbeiter noch aus sich heraus motiviert, nicht so schlimm, denn er weiß um die Fehler, die er noch macht, und erwartet Lob weniger. Nach einigen Monaten aber, wenn bei jedem die Routine eintritt, man alles kann und der Reiz des Neuen nachlässt, kommt der Punkt, an dem Motivation von außen sehr wichtig wird. Anerkennung auszusprechen ist hier von größter Bedeutung, damit sich Mitarbeiter bestätigt wissen in ihrer Arbeit und ihrer Funktion. Wir sollten es uns grundsätzlich zur täglichen Aufgabe machen, konkret nach positiven Beispielen zu suchen und sie hervorzuheben. Es kann den wesentlichen Unterschied ausmachen, wenn man einen Mitarbeiter mit positivem Feedback unerwartet überrascht. Denn Mitarbeiter haben schließlich die gleiche Aufmerksamkeit verdient wie der Kunde. Sie sind die so genannten internen Kunden.

Ein eingearbeiteter Mitarbeiter, der auf diese Weise zum Profi geworden ist und Verantwortungsbereiche selbstständig trägt, motiviert sich letztlich auch aus seiner eigenen Kompetenz heraus. Er weiß dann um sein Können und um den wertvollen Beitrag, den er leistet.

Gute Mitarbeiter sind für ein Unternehmen eine treibende Kraft und Vorbilder für neue Mitarbeiter.

Genauso wichtig wie das Lob ist auch die Kritik: Sie sollte immer nur sachlich und konstruktiv sein und selbstverständlich unter vier Augen stattfinden. Das ist keine neue Weisheit. Aber viele vergessen, dass Kritik wieder mit klaren Erwartungen verknüpft werden muss. »Das war nicht gut, mach es das nächste Mal besser« hilft hier keinem. Vielmehr sollte genau besprochen werden, was und wie die entsprechende Aufgabe nächstes Mal besser gemacht wird. Gemeinsam kann dann überlegt werden, ob der Mitarbeiter vielleicht eine wiederholte Einweisung benötigt. Dann sollte ein Zeitraum bestimmt werden, wie und bis wann Korrekturen umgesetzt sein müssen, und daran anschließend unbedingt wieder ein Gespräch folgen. Letzteres ist von fundamentaler Bedeutung, sonst verliert die angebrachte Kritik ihre Relevanz und zukünftige Kritikgespräche werden von vornherein nicht mehr ernst genommen. Warum auch, wenn nicht nachgeprüft wird? Das berühmte »Follow-up« ist also unerlässlich und die Messbarkeit der Erwartungen ein Muss.

Konstruktive Kritik soll immer ein Motivationsfaktor sein. Denn wenn man es richtig macht, vermischen sich in der Kommunikation mit dem Mitarbeiter »Kritik üben« und »Annerkennung geben«. Das Feedbackgespräch sollte vom Mitarbeiter somit als Resonanz auf seine Arbeit verstanden werden, für die er offen ist und die ihm eine Richtlinie gibt, wie er noch besser werden kann. Dabei sollte man selbstverständlich die jeweiligen Bedürfnisse des Mitarbeiters im Auge haben und dementsprechend seine Stärken und Schwächen individuell berücksichtigen.

Für den Chef heißt das im Gegenzug aber auch, auf der eigenen Seite ebenso offen zu bleiben, wie man das vom Mitarbeiter erwartet. Sich für selbstverständlich zu nehmen ist der erste Fehltritt. Die Firma entwickelt sich weiter und mit ihr die Menschen, dazu gehört man selbst auch. So versuche ich stets, Anregungen offen entgegenzutreten, und nicht aus Reflex erst einmal mit »Nein« abzulehnen. Man darf – auch als Chef – keine Angst davor haben, bestimmte Dinge einmal nicht zu wissen.

Natürlich ist die Arbeit für jeden in erster Instanz ein Mittel, um Geld zu verdienen, aber wenn man dem allgemeinen Streben ein Ziel gibt, bekommt die Beschäftigung, in jedem Fall auch eine andere Perspektive und fällt leichter. Wir arbeiten auf etwas hin und es ist die Aufgabe der Geschäftsleitung, diese gemeinsame Vision für alle sichtbar hochzuhalten – eben ein Ziel zu setzen!

Das Spiel mit den Zahlen

Ich kann nicht genug betonen, wie wichtig es ist, sich vom ersten Tag an mit seinen Zahlen auseinanderzusetzen. Man kann aus ihnen eine Menge lernen und gegebenenfalls sein Konzept ändern und Korrekturmaßnahmen einleiten. Die Profitabilität des Unternehmens sollte immer das Ziel sein und man muss sich dafür nicht schämen, denn letztlich geht es nur dann allen Beteiligten langfristig gut.

Ich gebe hier keine Anleitung, wie ein Unternehmen betriebswirtschaftlich aufgebaut sein sollte, möchte aber doch auf einige Problemzonen hinweisen.

Personalkosten sind in Deutschland der Knackpunkt und unbedingt im Auge zu behalten. Wenn man in der Gründungsphase noch keine großen Gehälter zahlen kann, ist die Atmosphäre innerhalb der Firma umso wichtiger. Man muss immer fair bleiben und die Leistung der Mitarbeiter wertschätzen. Wir mussten beispielsweise jahrelang jeden Cent dreimal umdrehen und als es uns dann besser ging, startete ich eine große Runde Gehaltserhöhungen. Betriebswirtschaftlich war das zwar nicht sinnvoll, doch menschlich war es ein wirklich verdientes »Dankeschön« an meine Mitarbeiter.

Im laufenden Betrieb ist es unbedingt erforderlich, alle Personalstunden mindestens wöchentlich zusammenzuaddieren und auf den Monat hochzurechnen. Man sollte immer wissen, wo man steht, und eine Vorstellung davon haben, mit welchen Kosten man bis zum Ende des Monats rechnen muss. Dann kann man gegebenenfalls gleich oder wenigstens für den nächsten Monat reagieren. Nur so können finanzielle Engpässe vermieden werden. Gehälter nicht oder auch nur unpünktlich auszuzahlen ist ein absolutes Tabu, denn die Mitarbeiter brauchen das Geld, um ihre eigenen Lebenshaltungskosten bestreiten zu können.

Halbstunden-, Tages- oder Monatsumsätze haben in meiner Branche eine große Aussagekraft und können einem die Planung für die Zukunft erleichtern. Vergleiche von Umsatzzahlen, die durch andere Faktoren wie das Wetter angereichert werden, können die Prognose erheblich präzisieren. Wenn ich weiß, wie viele Produkte sich bei Regenwetter verkaufen oder wie sich der Gesamtumsatz bei Sonnenschein entwickelt, kann ich das Kaufverhalten der Kunden besser prognostizieren. Wichtig sind auch Erkenntnisse darüber, welche Produkte wann und wie laufen. In meinem Fall sehe ich mir an, wie sich der »Im-Haus«-Verkauf zum »Außer-Haus«-Absatz verhält. Mit Hilfe solcher Daten kann das Sortiment besser nach den Kundenwünschen gestaltet werden.

Wenn sich ein Produkt in sich nicht rechnet, ist es besser, Alternativprodukte zu suchen, oder man muss sich überlegen, wie es überzeugender ankommt. In einem Coffee Shop habe ich beispielsweise keine Chance, mit den Salatpreisen eines Gemüsehändlers, der auch Salate mit Dressing anbietet, zu konkurrieren. Man kann aber versuchen, einen ausgefalleneren oder besonders hochwertigen Salat mit einer hausgemachten Soße anzubieten, der dann einen anderen Preis rechtfertigt. Doch wenn diese Rechnung auch nicht aufgeht: raus damit! Verlustbringer haben im Sortiment nichts zu suchen und sind nur gefährlich.

Auch für die Höhe der Miete, die ich mir für ein Ladenlokal leisten kann, habe ich eine einfache Faustregel gefunden: Sie sollte die Umsätze von drei Tagen nicht übersteigen. Dann steht sie in der richtigen Relation zu den anderen Kosten.

Grundsätzlich gilt: Alles, was an Zahlen zur Verfügung steht, sollte genutzt werden, um das eigene Geschäft besser zu verstehen. Natürlich setzt das voraus, dass man ein ausreichendes Zahlenverständnis und eine gewisse detektivische Ader besitzt. Es muss einem Spaß machen, alle Zahlen zu hinterfragen, zu beobachten und zu analysieren.

ELF REGELN ZUM ERFOLG

1. Mit dem Herzen dabei sein.

2. Eine Vision leben.

3. Selbst sein bester Kunde sein.

4. Mit Leidenschaft hinter dem Produkt stehen.

5. Es gilt: »Geht nicht, gibt's nicht.«

6. Hier und da etwas starrsinnig sein.

7. Sich bewusst Zeit nehmen, Manager zu sein.

8. Sich um Fairness bemühen.

9. Sich auch um Kleinigkeiten kümmern.

10. Zu Fehlern stehen, aber daraus lernen.

11. Vorbild sein.

KLEINE SACHE ETWAS GRÖSSER

WACHSEN MIT STRUKTUR

Nicht alle Grundsätze und Erkenntnisse zu meiner Unternehmensführung hatte ich schon parat, als ich sie am nötigsten brauchte. Aber viele Regeln und Konzepte habe ich in dieser Zeit aufgegriffen, weiterentwickelt und für Balzac abgewandelt. Nach zwei Jahren hatten mein Team und ich das Gröbste geschafft. Noch waren wir zwar nicht an dem Punkt, dass wir erleichtert aufatmen konnten, aber wir hatten die Situation in den Läden im Griff und konnten wieder zuversichtlich nach vorne blicken. Ich war 2002 sogar schon wieder in der Lage, in dem so leichtfertig begonnenen Wahnsinnswachstum von 2000 auch wieder etwas Gutes zu sehen. Wir blieben eine Erfolgsstory und ich hatte eine wichtige Lektion gelernt: Man darf nur strukturiert wachsen!

Von den acht inzwischen eröffneten Coffee Shops hatten wir bereits drei außerhalb unserer Geburtsstadt – zwei in Berlin und einen in München. Es zeigte sich bald, dass München einfach zu weit weg war und wir den Shop von Hamburg aus nur unzureichend betreuen konnten. Er war ein einziger Verlustbringer und machte unsere Situation nicht besser. Alles Hoffen und alle Versuche, die Situation zu retten, blieben wirkungslos. Nach langer Überlegung entschloss ich mich schließlich zur zwangsläufig notwendigen Schließung. Es war unglaublich schwer, diese Niederlage zu akzeptieren, aber letztlich gehören auch solche schmerzlichen Erfahrungen zum Unternehmertum dazu. In der Bundeshauptstadt sah die Sache zum Glück etwas vielversprechender aus. Nur musste ich bei näherer Betrachtung leider feststellen, dass wir im Berliner Coffee-Shop-Meer regelrecht untergingen. Die Stadt war einfach riesengroß und pflegte liebevoll ihre eigene Coffee-Shop-Kultur, die von zwei lokalen und einer bundesweiten Kette bestimmt wurde. Dazu kamen natürlich noch Hunderte von Einmannbetrieben.

Meine Möglichkeiten in dieser Situation waren eher überschaubar, doch wollte und konnte ich aus Prinzip kein lautes Marketing betreiben, denn eigentlich lag mir daran, die Herzen der Berliner zu erobern. Doch es wurmte mich, dass uns die Berliner nicht kannten. Schließlich hatte ich für die Läden so lange so hart gekämpft und dabei so viel Risiko auf mich genommen, nun wollte ich nicht einfach kapitulieren und im Meer von vielen unbedeutend mitschwimmen.

Deshalb beschloss ich zu wachsen. Und jetzt meinte ich: »richtig« wachsen. Ich sagte mir: Was mit acht Shops machbar war, müsste auch mit mehr machbar sein. Es gab überhaupt keinen Grund, nun aufzuhören – ganz im Gegenteil.

Doch für schnelles Wachstum brauchte ich Kapital. Also begab ich mich in Absprache mit meinen beiden Mitgesellschaftern auf die Suche nach neuen Investoren. Ein befreundeter Investment-Banker knüpfte die Kontakte und wir gingen Türklinken putzen. Dabei stellte ich mich auf eine lange und schwierige Suche ein. Doch es ging überraschend schnell. Ein internationaler Investor war bereits auf uns aufmerksam geworden.

Ich hatte das Gefühl, an einem Wendepunkt in meinem Leben zu stehen. Balzac hatte eine neue Entwicklungsstufe erreicht. War es nun immer noch »keine große Sache«? Ich fand schon. Denn selbst wenn ein Unternehmen größer wird, bleibt es dadurch immer noch relativ überschaubar, dass man immer nur den nächsten kleinen Schritt vor sich hat.

Die Planung unseres neuen Investors sah die Eröffnung von 25 und mehr Shops vor. Wir sollten eine richtige »Kette« werden! Das schien fast irreal und ich war aufgeregt, als wir im Sommer 2002 endlich den Vertrag unterzeichneten.

Doch so spannend die Entwicklung meines Berufslebens war, so traurig war diese Zeit privat. Meine Mutter – meine engste Verbündete –, die mir all die Jahre so tatkräftig zur Seite gestanden hatte, wurde überraschend schwer krank. Die Ärzte diagnostizierten Darmkrebs und es dauerte keine vier Monate, bis sie verstarb. Ich fühlte mich plötzlich sehr allein gelassen und realisierte, dass meine bisher für schwer befundenen Probleme nicht im Verhältnis zu dem standen, was es bedeutete, einen geliebten Menschen zu verlieren. Das »Kleine-Mädchen-Gefühl« verschwand plötzlich, ich musste erwachsen werden. Ein bisschen so wie meine Firma.

Mit meinem neuen Investor hatte ich eine internationale Ausrichtung. Die Meetings fanden auf Englisch statt, was mir sehr gefiel, weil es mich an meine Aufenthalte in den USA erinnerte. Ich hatte wieder einmal großes Glück gehabt. Denn mein jetziger Partner war bei Balzac eingestiegen, obwohl zu diesem Zeitpunkt viele Marktteilnehmer und sogenannte Experten den deutschen Markt als schwierig eingestuft hatten. Selbst Ende 2002 wurde deutschen Coffee Shops keine große Zukunft eingeräumt. Aber meine Investorengruppe kannte durch ihre Präsenz in Großbritannien das Konzept gut und war vom Potenzial der Branche und – natürlich – von Balzac überzeugt. Sie hatten sozusagen Espresso im Blut.

Damit begann die größte, aber dieses Mal strukturierte Wachstumsphase meines Unternehmens. Sechs neue Shops in einem Sommer in Betrieb zu nehmen stellte zwar nach wie vor eine Herausforderung dar. Doch wenn sich die Gelegenheit, wie im Jahr 2003, bot, konnten wir auch mal zehn Ladeneröffnungen bewältigen.

Wir wurden routinierter im Eröffnen von Coffee Shops und feilten kontinuierlich an unserem Konzept. Auch unser Charakter entwickelte sich nach und nach. Bei jedem neuen Laden überlegte ich, was ich das nächstes Mal besser machen könnte. Ich verwarf Schlechtes, behielt Gutes und versuchte mich bei der Gestaltung auch ein wenig an der Umgebung zu orientieren. So wurde zum Beispiel in einem Laden mit vielen Müttern und Kindern in der Umgebung ein Kinderwagenparkplatz eingerichtet und wir organisierten für die Kids entsprechend kleine Tische und Stühle mit Malstiften. Jeder neue Shop wird bis heute mit der gleichen Hingabe und Aufmerksamkeit angegangen wie der allererste. So wurde jeder Laden in sich einzigartig und der Balzac-Look perfektionierte sich.

MARKETING EINMAL ANDERS – ODER AUCH GAR NICHT

Meine erste Marketingstrategie entwickelte sich aus der Not heraus. Ich hatte fast 600.000 Pappbecher im Lager, die keiner wollte, die ich aber aus Kostengründen unbedingt an den Mann bringen musste. So hatten ich und meine Mitarbeiter jedes Mal einen Becher in der Hand, wenn wir den Laden verließen. Auch wenn nichts drin war. Hauptsache, wir liefen für den Becher, Logo nach vorne gerichtet, auf der Straße Werbung. Ich hatte die Hoffnung, dass sich die Kunden an den Anblick gewöhnen und bald ihre Abneigung gegen die Pappbecher ablegen würden. Zu meinem Glück brauchte ich nicht lange leere Becher auf der Straße herumzutragen. Schnell entwickelte sich das Coffee-to-go-Prinzip.

Heute beruht unsere Marketingstrategie auf jedem Espresso, der geschmeckt hat. Denn er ist Werbung für Balzac und die gute Meinung, die vielleicht weitergegeben wird, unser wichtigstes Marketingwerkzeug. Im Marketing würde man dieses wohl Mundpropaganda nennen, doch mit den ganzen Begrifflichkeiten habe ich mich noch nie wirklich auseinandergesetzt. Immer wieder staune ich, wie Fachleute unser Auftreten und unsere Aktivitäten beurteilen, die ich nie aus einem schlauen Buch entnommen, sondern meistens mit meinem Team intuitiv entwickelt habe. Wir sind nun mal von unserem Produkt überzeugt und wenn wir diese Überzeugung auch auf den Kunden übertragen können, haben wir den wirkungsvollsten Werbeträger. Gerade am Anfang, als wir den ersten Laden aufgemacht hatten, erlebte ich immer wieder, wie Kunden ihre Freunde zu uns brachten und uns als stolze Neuentdeckung präsentierten. Nun fällt es schwer, heute noch die Idee eines Coffee Shops in Deutschland neu zu entdecken, aber jetzt sind es unsere Produkte, die der Kunde weiterempfiehlt. Als wir im letzten Jahr erstmalig Chili Chocolate verkauften, beobachtete ich einen jungen Mann, der gleich vier Stück bestellte und sie einer Gruppe mit den Worten präsentierte: »Die schmecken wirklich lecker!« Marketing ist also alles: Es fängt bei den Produkten an, geht über die Einrichtung, die Atmosphäre und die Menschen hinter dem Tresen bis hin zu überzeugten Kunden. Die vielen anderen Bereiche des Marketing habe ich in meinem Unternehmen in all den Jahren vernachlässigt und dies bis heute nicht bereut.

Sicherlich kann man nicht sagen, wie es gelaufen wäre, wenn wir Werbegeschenke verteilt oder Anzeigen geschaltet hätten, doch für mich kam das nie in Frage. Was nützt mir eine

Anzeige, die fünf Kilometer von einem unserer Shops gelesen wird? Wir müssen die Leute in unserer unmittelbaren Umgebung ansprechen. Wichtig ist dann natürlich, dass wir den richtigen Standort wählen.

Ich sehe unsere Marketingaufgabe deshalb in erster Linie darin, den wiederkehrenden Kunden Abwechslung im Angebot zu bieten. Dafür legen wir den kompletten Fokus auf wechselnde Promotions direkt im Shop, wobei wir über die Produkte ausgiebig informieren und diese durch Testaktionen vorstellen.

Noch immer zucke ich zusammen, wenn Journalisten nach einer Presseabteilung oder andere Interessierte nach einer Marketingabteilung in unserer Firma fragen. Wie zu meinen Anfängen entscheide ich auch hier immer noch aus dem Bauch heraus und gehe für viele ungewöhnliche Wege. Eine Firma dieser Größenordnung braucht doch eine eigene Kreativabteilung, heißt es dann häufig. Die gibt es ja auch, nur eben anders, als man sich das branchenüblich vorstellt. Immer noch geprägt von meinen ersten Werbeagentur-Erfahrungen, mache ich bis heute mein eigenes Marketing zusammen mit meiner Grafikerin von damals. In wöchentlichen Meetings bearbeiten wir aktuelle Themen wie eine neue Getränkepromotion, den kommenden Weihnachtslook oder die Texte für die Kaffeepackungen. Wenn wir Fotos brauchen, drückt sie auf den Auslöser und ich halte wie früher die Lampe, um für genügend Licht zu sorgen. Das sind genau die Tätigkeiten, die mir bis heute Spaß machen.

Früher wollten die Journalisten auch kaum etwas von uns wissen. Ich konnte in Ruhe, im Schatten der anderen, meine Erfahrungen sammeln und besser werden. Zur Eröffnung des ersten Balzac versendete ich sogar Pressemitteilungen an jedes Hamburger Medium. Es kam niemand. Das war natürlich umso enttäuschender, da ich von dem Neuigkeitswert der Information, dass in Hamburg ein Coffee Shop aufmacht, mehr als überzeugt war. Ich konnte damals die fehlende Neugier ebenso wenig verstehen wie heute das große Interesse an meiner Firma. Doch noch heute plane ich lieber eine Promotionaktion als ein Interview zu geben. Balzac soll von sich aus wirken, ohne dass es Erklärungen bedarf.

Wenn das Produkt aus sich spricht,
ist Marketing kaum nötig.

Jeder muss seine eigenen Prioritäten setzen und überlegen, wo Marketing gezielt eingesetzt werden kann. Doch man sollte sich den Wert seines Namens deutlich bewusst machen und auf keinen Fall Geld in die Herabwürdigung der eigenen Marke stecken. Das bedeutet beispielsweise, das eigene Logo nicht unnötig auf Materialen wie Servietten oder Fußmatten abzubilden. Es kann nicht okay sein, dass sich der Kunde daran gewöhnt, das Logo zu zerknüllen, sich damit den Mund abzuwischen, es wegzuschmeißen oder womöglich mit den Füßen darauf zu treten, um sich die Schuhe abzuputzen. Das ist die falsche Denke, wenn der Kunde die Marke eigentlich wertschätzen soll.

Ebenso wenig halte ich von Rabattködern. Es wird sowieso schon viel zu viel über den Preis gekämpft und wir legen zu wenig Wert auf Dinge wie guten Service oder echte Handarbeit. Wenn der Preis richtig und fair berechnet ist und die Qualität stimmt, muss er eigentlich nicht verteidigt werden, und wenn doch, dann fällt es leicht. Deshalb sind zum Beispiel Aktionen wie »Happy Hour« für einen Tagesbetrieb wie uns, den die Kunden zu festgelegten Büro- oder Pendelzeiten besuchen, keine Alternative. Wir stressen damit den Kunden, wenn er von einem Sonderangebot nur zu bestimmten Zeiten Gebrauch machen kann, oder verschieben seine Besuchszeit einfach nur auf den Happy-Hour-Zeitrahmen.

Seiner Sache treu bleiben.

Außerdem machen wir unser Angebot indirekt schlecht, denn wie kann man zwei Preise rechtfertigen? Abgesehen davon, was fast alle Kunden vergessen: Auch die Rabattpreise müssen selbstverständlich einkalkuliert werden und das heißt, fehlende Margen werden in irgendeiner anderen Form auf den Preis aufgeschlagen oder die Mengen entsprechend reduziert. In anderen Branchen wiederum, wie Bars zum Beispiel, sind Happy-Hour-Aktionen dementsprechend sinnvoll. Denn dort schwanken die Frequenzströme innerhalb der Wochentage ganz extrem und eine Happy Hour kann hier die Auslastung entsprechend angleichen.

Jeder muss also die für sich beste Form entwickeln. Wenn er dabei seiner Sache treu bleibt, ist alles erlaubt und es gibt die unterschiedlichsten Wege im Marketing. Wichtig ist nur, dass man seine Strategie stringent verfolgt.

IMMER NOCH KEINE GROSSE SACHE

In Berlin eröffneten wir über die Jahre weitere Shops und schließlich »bemerkte« man uns dort auch. Balzac Coffee verfügt heute über eine gut funktionierende Systemgastronomiestruktur. Die Shops laufen operativ autonom und die Abläufe werden jeden Tag professioneller. Anfang des Jahres 2007 gehörten der Kette insgesamt 410 Mitarbeiter und 30 Shops an – weitere sind in Planung. Für mich ist das noch immer eine unfassbar rasante Entwicklung. Denn 1998 wollte ich eigentlich nur einen einzigen Coffee Shop aufmachen.

Mein Job ist heute ein ganz anderer und unglaublich vielfältig geworden. Ich hätte mir nie träumen lassen, womit ich mich irgendwann einmal alles befassen muss, es stellen sich mir neue Herausforderungen, jeden Tag. Ich arbeite heute überwiegend im Büro und habe Meetings über Meetings – Marketing-, Operations-, Controlling-, Personal-, Bakery- oder einfach nur Bürometeetings. Doch der tägliche Gang in einen Shop ist ein Muss. Ich lese viele Berichte, setze mich damit auseinander, wie es mit der Firma strategisch weitergeht, überlege mir zusammen mit meinem Team die nächste Promotion, wie wir operative Abläufe beziehungsweise den Service noch verbessern könnten, oder ich veranstalte eine Schlemmerorgie mit der Balzac-Bakery-Konditorin, um mögliche neue Kuchen oder Sandwiches zu testen. Vor allem aber beschäftige ich mich sehr viel mit den Menschen, die bei Balzac arbeiten, und den Menschen, die uns täglich als Kunden besuchen. Beiden Gruppen gehört meine größte Aufmerksamkeit. So oft ich kann, unterhalte mich mit Kunden und den Mitarbeitern in den Shops und lasse das Treiben auf mich wirken. Manchmal stelle ich mich auch noch, ebenso wie damals in New York, in die Schlange und warte, bis ich drankomme. Mit einem Unterschied – jetzt kann ich einfach hinter den Tresen gehen und kurzerhand mithelfen, wenn es der Kundenansturm erfordert. Wer weiß also, was so manch anderem für Gedanken kommen, wenn er das nächste Mal bei uns oder anderswo in einer Schlange steht ... Man sollte immer offen sein! Vielleicht kommt jemandem ja auch bei uns einmal der Gedanke: »Es wäre doch eine tolle Idee, wenn ...« Und stellt hinterher fest, dass es eigentlich auch überhaupt keine große Sache war, sein Projekt zu verwirklichen.

Und auch wenn ich manchmal heimlich die Tage hinter dem Tresen vermisse, es macht den gleichen Spaß wie damals, als ich den ersten Laden eröffnete. Immer noch habe ich Schmetterlinge im Bauch, wenn ich das Balzac-Logo außen an einem Shop hängen sehe oder mir in der Stadt jemand mit einem Balzac-Becher entgegenkommt. Für meine Freunde und Bekannten bin ich heute erst recht das Kaffeemädchen.

Ich denke immer noch genauso wie damals, als mir die Idee zu Balzac zum ersten Mal kam. An den Erfahrungen und den Rückschlägen während des Wachstumsprozesses bin ich nur gereift. Ich habe gelernt, mich auf das Wesentliche zu konzentrieren – jede Bewegung zu durchleuchten und immer nur aus Überzeugung zu handeln –, auch wenn sich später herausstellte, dass es falsch war. Ich glaube an unsere Fähigkeiten und unsere Kraft. Und das Beste ist ... es kann nur vorwärtsgehen.

GLOSSAR

Ausfallbürgschaften: Ausfallbürgschaften können alle gewerblichen Unternehmen und Freiberufler, die wegen fehlender Absicherung keinen oder keinen ausreichenden Kredit erhalten würden, beantragen (in der Regel über die Hausbank). Sie sind für Banken und Sparkassen vollwertige Kreditsicherheiten und werden zur Mittelstandsförderung von der Bundesrepublik Deutschland und den Bundesländern rückverbürgt.

Bürgschaftsbanken: Bürgschaftsbanken sind regionale Banken, die ➪ Ausfallbürgschaften übernehmen. Die Bürgschaftsbanken sind jeweils für ein bestimmtes Bundesland zuständig und im Verband der Bürgschaftsbanken (VDB) zusammengeschlossen.

Business Angels: Vermögende Privatpersonen, die jungen, innovativen Unternehmen Kapital und unternehmerisches Know-how zur Verfügung stellen. Sie investieren Teile ihres privaten Vermögens in ein Unternehmen und erhalten dafür Unternehmensanteile.

Businessplan: Ein Geschäftskonzept, das genau erläutert, wie ein Unternehmensgründer seine Idee verwirklichen will. Es beinhaltet die grundsätzlichen Voraussetzungen, Vorhaben und Maßnahmen für einen bestimmten Zeitrahmen. Damit sollen Banken, Beteiligungsgesellschaften und/oder staatliche Institutionen überzeugt werden, dass der Unternehmer den Kredit zurückzahlen kann beziehungsweise dass Fördermittel in eine zukunftsträchtige Firma fließen.

Controlling: Controlling (abgeleitet vom englischen Begriff *to control* = steuern/lenken) ist ein Instrument zur Führung eines Unternehmens. Das Controlling stellt den Führungskräften betriebswirtschaftliche (Kenn-)Zahlen zur Verfügung, um Probleme frühzeitig erkennen und lösen zu können. Die wichtigste Aufgabe des Controlling ist die Kostenkontrolle und die Planung, wie gesetzte (finanzielle) Ziele erreicht werden können.

Copyright: Das Copyright (englisch *copy* = Kopie, *right* = Recht) ist die angloamerikanische Bezeichnung für das Immaterialgüterrecht an geistigen Werken. Es gewährt dem Urheber die ausschließliche Verfügungsgewalt über sein Werk und dient vor allem dazu, wirtschaftliche Investitionen zu schützen. Deutsche Bezeichnung: Urheberrecht.

DtA (Deutsche Ausgleichsbank)
➪ KfW Mittelstandsbank

EDV: Der Sammelbegriff EDV umfasst die Datenverarbeitung und Datenverarbeitungssysteme, die nicht mechanisch, sondern vor allem elektronisch arbeiten. Grundvoraussetzung ist eine Digitalisierung der Informationen (zum Beispiel mittels Scanner oder durch die Eingabe per Tastatur).

ERP (European Recovery Program): Es gibt in Deutschland ein ERP-Sondervermögen, das vom Bund verwaltet wird und aus dem öffentlich subventionierte Förderkredite vergeben werden. Es ist aus den Rückzahlungen von Krediten entstanden, die als Finanzhilfen des Europäischen Wiederaufbauprogramms (European Recovery Program) im Rahmen des Marshallplans nach dem Zweiten Weltkrieg vergeben wurden.

Finanzierungsberatung: Beraten lassen können sich Existenzgründer bei der ➪ KfW Mittelstandsbank, der Finanzierungs-Hotline des Bundesministeriums für Wirtschaft und Technologie oder des Bundesministeriums für Bildung und Forschung.

Förderprogramme: Förderprogramme beinhalten öffentliche Kredite oder auch nicht-rückzahlbare Zuschüsse durch Bund, Länder und/oder EU zur Förderung mittelständischer Unternehmen. Typisch für öffentliche Förderdarlehen sind günstige Zinsen, lange Laufzeiten und häufig eine rückzahlungsfreie Zeit, bis man mit der Rückzahlung beginnen muss.

Gründerdarlehen: Der Vorteil der Gründerdarlehen sind in der Regel niedrigere Zinsen und mehrere tilgungsfreie Jahre. Die Darlehen werden über die Hausbank abgewickelt. Die notwendigen Sicherheiten können bei einer vielversprechenden Gründung zum Teil über eine Bürgschaft der ➪ Bürgschaftsbanken gedeckt werden.

Gründerkapital: Der Begriff Gründerkapital bezeichnet das zur Existenzgründung nötige Eigen- und Fremdkapital (Kredite u. Ä.). Im Normalfall sollten 15 bis 20 Prozent des notwendigen Gründerkapitals durch Eigenkapital aufgebracht werden.

Intranet: Als Intranet wird ein geschlossenes Computernetzwerk auf der Basis der Internet-Technologie bezeichnet, das nur innerhalb eines Unternehmens für die Mitarbeiter verfügbar ist. Von außen kann nicht auf das Intranet zugegriffen werden.

KfW Mittelstandsbank: Die KfW Mittelstandsbank unterstützt mittelständische Unternehmen, Gründer, Freiberufler und Start-ups bei der Existenzgründung mit Krediten, Nachrangdarlehen, Eigenkapital und Beratung. Die Deutsche Ausgleichsbank (DtA) ist im Juli 2003 in der KfW Mittelstandsbank, einer Marke der Kreditanstalt für Wiederaufbau, aufgegangen. Die Förderprogramme der ehemaligen DtA werden von der KfW Mittelstandsbank fortgeführt.

Konzept: Ein Konzept ist das Fundament einer guten Idee. Es beschreibt das Betriebsmodell, die Philosophie des Unternehmens und die Art, wie Geschäfte gemacht werden. Mit ihm werden die einzelnen Gedanken, die eine Idee ausmachen, gebündelt und abgesichert. Ein gutes Konzept lässt keine Fragen offen. Es beschreibt zunächst die Grundidee in kurzer prägnanter Form und erklärt dann immer mehr in die Tiefe gehend die Unterschiedlichkeit zu bestehenden Ideen. Es beinhaltet sowohl Fragen und vor allen Dingen Antworten zur Zielgruppe, Umsetzung, Finanzierung und Geldbeschaffung, Ausrichtung sowie Zeitpläne.

Logo: Das Firmenlogo ist Teil des visuellen Erscheinungsbildes (Corporate Design) eines Unternehmens. Es kann aus einem oder mehreren Buchstaben, einem Bild oder auch aus einer Kombination dieser Elemente bestehen. Ein gutes Firmenlogo sollte prägnant und wiedererkennbar sein und als Identifikationsmerkmal für die gesamte Firma stehen.

Marke: Eine Marke (Warenzeichen) ist rechtlich ein besonderes Zeichen, um Waren oder Dienstleistungen eines Unternehmens von denen anderer Unternehmen zu unterscheiden. Durch die Eintragung in das Markenregister wird es Dritten untersagt, die geschützte Marke für identische oder ähnliche Waren oder Dienstleistungen zu verwenden.

Markenschutz: Der Schutz eines Namens oder eines Logos für bestimmte Produkte oder Dienstleistungen kann über eine Markenanmeldung beim Deutschen Patent- und Markenamt (DPMA) erreicht werden. Die Behörde ist unter anderem für die Erteilung von Patenten, die Eintragung von Gebrauchsmustern, Marken und Geschmacksmustern sowie die Information der Öffentlichkeit über bestehende gewerbliche Schutzrechte zuständig.

Marketing: Unter Marketing versteht man jedes unternehmerische Handeln, das dazu dient, das Angebot eines Unternehmens möglichst gut zu verkaufen. Es umfasst also weit mehr als einfach nur »Werbung«. Zum klassischen Marketingmix gehören das Angebot in Form von Produkten beziehungsweise Dienstleistungen, der Preis, der Vertrieb sowie die Information in Form von Werbung und Öffentlichkeitsarbeit. Neben der Produkt- bzw. Leistungspolitik, Preis-, Distribution- und Kommunikationspolitik werden oft auch die Funktionen ➪ Markt- und Meinungsforschung, Qualitätsmanagement, Marketingcontrolling und ➪ Personalmanagement einbezogen.

Marktforschung: Marktforschung bedeutet die Beobachtung des Marktgeschehens sowie des Unternehmensumfelds durch einen kontinuierlichen, systematischen und objektiven Prozess, um Informationen zu gewinnen und zu analysieren. Anhand dieser Informationen können dann Unternehmensentscheidungen getroffen werden.

Mitarbeiterfluktuation: Die Fluktuation (der Wechsel) von Mitarbeitern verursacht Kosten und Verluste, etwa weil Mitarbeiter neu angeworben und eingearbeitet werden müssen oder Markt- und Kundenkenntnisse verloren gehen.

Patent: Ein Patent ist ein hoheitlich erteiltes gewerbliches Schutzrecht, das – zeitlich begrenzt – seinem Inhaber das Recht gibt, anderen zu verbieten, die patentierte Erfindung unerlaubt zu verwenden, also zum Beispiel ein geschütztes Erzeugnis herzustellen, anzubieten oder zu benutzen.

Personalführung: Personalführung ist der Versuch, das Zusammenwirken von Führungskräften und Mitarbeitern so zu gestalten, dass Aufgaben bewältigt und gemeinsame Ziele erreicht werden können.

Personalkosten: Unter Personalkosten versteht man die Summe aller Bruttolöhne und -gehälter (Lohnkosten), aller gesetzlichen, tarifvertraglich vereinbarten und/oder freiwilligen sozialen Aufwendungen (zum Beispiel Zahlungen von Versicherungsbeiträgen an Renten-, Kranken-, Arbeitslosen- oder Unfallkassen) sowie aller übrigen Personalnebenkosten (zum Beispiel für Aus- und Fortbildung), die ein Arbeitgeber innerhalb eines bestimmten Zeitraums (Monat, Jahr) aufwendet.

Personalmanagement: Das Personalmanagement beschäftigt sich mit den Strategien zum Einsatz des Menschen als Produktionsfaktor (Arbeitskraft). Maßnahmen beinhalten zum Beispiel die Auswahl und Beschaffung von geeigneten Arbeitskräften am Markt, die Förderung des Personals durch Schulung, Weiterbildung und Anreizsysteme, die Durchführung von Bedarfsanalysen und Ressourcenplanung und die Entwicklung und Förderung einer geeigneten Unternehmenskultur.

Return on Investment (ROI): Return on Investment ist eine der am häufigsten verwendeten Kennzahlen, um den Zustand eines Unternehmens aufzuzeigen. Der ROI bezeichnet das Verhältnis von Gewinn und Investition und dient so als Maßstab für die Rentabilität von Investitionen.

SCHUFA: Die Schutzgemeinschaft für allgemeine Kreditsicherung (SCHUFA Holding AG, Wiesbaden) ist eine Gemeinschaftseinrichtung der Kreditwirtschaft in Deutschland. Sie stellt ihren Vertragspartnern Informationen zur Verfügung, damit diese vor Verlusten aus dem Konsumenten-Kreditgeschäft geschützt werden. Die Einräumung von Kontokorrentkonten, Krediten sowie damit in Zusammenhang stehendes nicht vertragsgemäßes Verhalten werden von der SCHUFA gespeichert. Durch die sogenannte SCHUFA-Klausel, die der Kunde unterschreibt, willigt er in die Weitergabe von Daten ein.
Tipp: Die SCHUFA führt Buch über die finanziellen Gewohnheiten eines jeden von uns. Für eine einwandfreie Beurteilung gibt es nur eins: Rechnungen immer pünktlich zahlen, keine Mahnungen abwarten und keine Minusstände auf Konten auflaufen lassen.

Standortwahl: Die Wahl eines Standorts ist von unterschiedlichen Einflussgrößen abhängig; hierzu zählt besonders das Vorhandensein eines Marktes für die Produkte oder Dienstleistungen des Unternehmens, also: Gibt es genügend Kundschaft in der Nähe? Weitere Gesichtspunkte: Wie stark ist die Konkurrenz? Wie ist die Verkehrsanbindung? Wie ist die Versorgung mit Waren, Verbrauchsgütern, Energie? Wie hoch sind Mieten und Steuern? Die Standortwahl zählt oft zu den wichtigsten unternehmerischen Entscheidungen.

Systemgastronomie: Systemgastronomie zeichnet sich im Wesentlichen durch die Existenz von bestimmten standardisierten und vereinheitlichten Organisationsstrukturen aus. Systemgastronomische Unternehmen verfolgen dabei die Ökonomisierung und Vereinheitlichung (in Bezug auf eine Corporate Identity) von drei oder mehreren Restaurants. Dem Gast soll so in jeder Filiale die gleiche Produktpalette an Speisen und/oder Getränken in gleichbleibender Qualität angeboten werden.

Wareneinsatz: Der Wareneinsatz gibt an, wie viel Ware im Lauf eines Jahres verbraucht wurde, um Erlöse zu erzielen. Der Warenbestand am Ende eines Jahres gehört also nicht zum Wareneinsatz.

Warenwirtschaft: Die Materialwirtschaft oder Warenwirtschaft beschäftigt sich mit der Verwaltung sowie der zeitlichen, mengenmäßigen und räumlichen Planung und Steuerung der Material- und Produktbewegungen innerhalb eines Unternehmens und zwischen dem Unternehmen und seiner Umwelt. Sie koordiniert den Warenfluss zwischen Lieferanten, Kunden und den Lagern. Ein Warenwirtschaftssystem verwaltet und organisiert die mit der Warenwirtschaft anfallenden Daten und stellt sie dem Benutzer zur Verfügung.